DE L'INSTITUTION CONTRACTUELLE

DANS L'ANCIEN DROIT FRANÇAIS ET D'APRÈS LE CODE NAPOLÉON.

(Extrait de la *Revue historique de droit français et étranger*,
numéros de juillet-août, septembre-octobre 1860.)

PARIS — TYPOGRAPHIE HENNUYER, RUE DU BOULEVARD DES BATIGNOLLES, 7.

DE

L'INSTITUTION CONTRACTUELLE

DANS L'ANCIEN DROIT FRANÇAIS

ET

D'APRÈS LE CODE NAPOLÉON

PAR

M. ANOUILH,

Avocat à Saint-Girons (Ariége).

PARIS

AUGUSTE DURAND,

LIBRAIRE DE LA BIBLIOTHÈQUE DES AVOCATS, DE LA BIBLIOTHÈQUE DE LA COUR IMPÉRIALE,
ÉDITEUR DE LA *Correspondance littéraire*, DES *Séances et travaux de l'Académie
des sciences morales et politiques.*
7, RUE DES GRÈS-SORBONNE.

1860

DE L'INSTITUTION CONTRACTUELLE

DANS L'ANCIEN DROIT FRANÇAIS ET D'APRÈS LE CODE NAPOLÉON.

« Le sujet du concours, choisi par M. le ministre de l'instruc-
tion publique, était plein d'intérêt. C'était une thèse toute française, permettez-moi cette locution ; car, malgré mon admiration
profonde pour le modèle philosophique que nous offre la législation romaine, j'aime bien aussi ce beau droit civil français qu'ont
préparé de célèbres ordonnances, les travaux des Cujas, des
Dumoulin, des Domat, des Pothier…, et que le plus grand génie
de notre siècle a déposé dans son Code immortel, le Code Napoléon…

« L'origine de l'institution contractuelle est germanique…
L'introduction successive des idées sur l'institution contractuelle a lutté contre l'enseignement des auteurs de pays de droit
écrit exclusivement voués au culte des lois romaines.

« Primitivement consacrée à assurer le service des fiefs, les
alliances des familles puissantes, à augmenter et à conserver
l'aristocratie féodale, l'institution conctractuelle était devenue
la loi commune. Le génie de Dumoulin avait compris qu'elle
favorisait les mariages et la formation de familles nouvelles.
Elle acquit un tel degré d'importance, que, ainsi que l'attestent
nos anciens auteurs, elle était devenue une institution du droit
des gens ; elle avait été introduite dans la législation des peuples
civilisés.

« Chose bizarre, et dont il serait trop long de rechercher les
motifs, notre Code a conservé l'institution, sans en indiquer le
nom. Les articles 1082 et 1083 permettent de donner, par un
contrat de mariage, tout ou partie des biens que le donateur
laissera à son décès, avec défense d'aliénation, seulement à titre
gratuit, des objets compris dans la donation. De là des difficultés
sérieuses pour découvrir les véritables caractères d'un acte qui

est, tout à la fois, une donation et un testament, d'un acte que le savant Furgole qualifiait d'acte *amphibie*.

« Le seul mémoire qui ait été remis à la Faculté portait pour devise :

« Il y a au monde quelque chose qui vaut mieux que les jouis-
« sances matérielles, mieux que la fortune, mieux que la santé
« elle-même, c'est le dévouement à la science. » (Augustin Thierry.)

« Nourri de sentiments aussi élevés, l'élève de notre Faculté a le germe qui, fécondé par l'étude, produira le maître...

« Notre candidat a indiqué son plan dans des termes et sous des divisions qui dénotent déjà une connaissance profonde du sujet. Il s'est posé cette première question : *D'où nous vient l'institution contractuelle ?* Dans une série de propositions historiques habilement déduites, il a démontré que cette institution était toute française. La partie consacrée à l'ancien droit français n'offrait pas un intérêt purement historique. Que de solutions de nos anciens jurisconsultes, sur le caractère et les effets de l'institution contractuelle, doivent éclairer les difficultés que peut faire naître la loi nouvelle ! Le candidat l'a compris. Sans être surchargée de citations, cette partie de son travail est nourrie des opinions de ces anciens et vénérables jurisconsultes qui, comme nous l'apprend Maynard, *assistaient aux arrêts généraux où ils avaient séance, dans la grand'chambre du parlement.*

« La troisième division offrait de grandes difficultés ; car, dans un sujet aussi vaste, une loi si brève nécessite un véritable talent d'éclectisme pour savoir dire beaucoup de choses en peu de mots. En présence d'opinions développées avec la supériorité des Merlin, des Troplong et de quelques-uns de nos collègues que je ne nomme pas, pour ne point blesser leur modestie, l'indépendance pouvait devenir une espèce de témérité dans le travail d'un jeune homme... La Faculté a été agréablement étonnée, surprise de la vigueur de logique, de la netteté d'expression, de la concision, des heureuses déductions, et, en général, de la sûreté des principes de l'auteur. Ce commentaire n'a que cinquante pages ; il renferme la matière d'un volume.

« L'auteur du mémoire, cédant à la nature hardie de son esprit, a quelquefois dépassé les limites imposées au style juridique dont tant de pages de son travail ont offert de véritables modèles. Nous pourrions relever quelques néologismes, quelques expressions hasardées, quelques erreurs, mais ce détail fatiguerait inutilement votre attention. — En résumé, c'est un beau travail sous le triple rapport de l'histoire, de la jurisprudence et de la doctrine.

« Qui nous a donc présenté une dissertation si complète, une œuvre si remarquable ? Un de nos meilleurs, de nos plus modestes élèves, M. Anouilh, né le 9 décembre 1835, qui, l'an dernier, avait obtenu le double triomphe de la licence, un jeune homme de vingt-deux ans, qui déjà, au barreau de sa ville natale, a justifié, par de brillants débuts, les couronnes que lui avaient décernées ses professeurs. »

INTRODUCTION.

Il en est du droit civil d'un peuple comme de son caractère et de sa destinée morale. Il se forme lentement et successivement ; il est le résultat d'une multitude d'origines et de faits divers. Son apparition première se perd au sein des siècles, lorsqu'il arrive à constituer un ensemble précis, systématique, ayant un nom et une vie spéciale.

Lorsque cet ensemble est ainsi composé, son action, quoique continue, n'est pas uniforme ; elle se combine avec l'esprit et les besoins variables de la société qu'elle gouverne et cède souvent à la puissance du courant des mœurs, tantôt graduellement et sans trouble, tantôt par suite du bouleversement des révolutions ; mais le passé laisse toujours sur le présent quelques vestiges. Les traditions d'un pays se retrouvent au fond de tous les changements opérés par les révolutions les plus hardies. Le droit d'une nation, en s'éloignant des premiers âges, produit et développe des principes nouveaux qu'il place à côté de ceux qu'il n'a pas répudiés, et se montre doué, par les formes qu'il revêt et dépouille incessamment, d'une sorte d'immortalité. « *Les institutions*, dit M. Laferrière, *se développent, se fortifient, en s'éloignant de leur origine et des motifs qui les avaient fait naître. Les principes nouveaux qu'elles s'approprient leur communiquent un redoublement de vie, de durée, et une puissance inépuisable de transformation*[1]. »

Les principes qui, par leur réunion, constituent le droit d'un d'un peuple, ont donc une histoire. L'observation retrouve leur berceau quelquefois caché. Elle les suit depuis leur naissance et constate leur développement ultérieur.

C'est à la lumière de cette idée, dont la vérité ne saurait être révoquée en doute, que nous essayerons d'exposer ce que l'institution contractuelle a été dans notre ancien droit français et ce qu'elle est aujourd'hui d'après le Code Napoléon.

PREMIÈRE PARTIE.

ORIGINE DE L'INSTITUTION CONTRACTUELLE.

D'où nous vient l'institution contractuelle?

Si l'on interroge les auteurs anciens sur ce point, on ne trouve dans leurs conjectures rien qui satisfasse pleinement la raison. Au milieu de leurs dissidences, aucun trait de lumière ne vient éclairer cette question historique. Nul n'a rencontré la vérité. Il faut arriver aux travaux de l'école historique contemporaine pour rencontrer sur la solution de cette difficulté des preuves décisives et authentiques qui la révèlent et la soutiennent.

Obligé, dès le commencement de ce travail, de déterminer l'origine de l'institution contractuelle et d'exposer les diverses phases qu'elle a traversées, nous ne saurions mieux faire que d'adopter le sentiment des jurisconsultes qui, récemment, ont donné aux études historiques une si puissante activité.

Et d'abord, l'institution contractuelle est entièrement contraire aux principes du droit romain. Cela n'a rien d'étonnant pour qui-

[1] *Histoire du droit français*, t. Ier, p. 226.

conque connaît l'esprit de la législation romaine en matière de mariage et de successions. Dans le domaine de la spéculation philosophique, le mariage peut bien, à une certaine époque, sous l'influence des idées stoïciennes, s'offrir avec ses véritables caractères à l'intelligence de quelques jurisconsultes; mais, dans la réalité des mœurs, la mère de famille, au fond du gynécée, vivait inconnue, à peine aperçue du législateur, sous une perpétuelle tutelle, la première des esclaves de son mari qui pouvait la répudier et prendre une concubine sous la protection de la loi. Le mariage était alors peu compris par le législateur qui ne se préoccupait point de sa sainteté et de sa dignité. Aussi cherche-t-on vainement dans les lois romaines un système moral de protection et d'encouragement pour les mariages; car les lois Papiennes, promulguées à une époque où la politique conseillait de combattre la décroissance rapide dans laquelle la population était entraînée par la guerre civile et par la corruption des mœurs, ne peuvent être considérées comme contenant la manifestation d'encouragements au mariage, puisque, tout en accordant des priviléges aux pères, à cause de leurs enfants, elle voyait avec indifférence une maison demeurée stérile, ne se contentant pas contre les célibataires de se montrer pleine d'impitoyables rigueurs.

D'un autre côté, dans les principes du droit romain, l'institution d'héritier ne pouvait avoir lieu que par testament : *hereditas testamento datur* (Cod. *De pactis conventis*, loi 5); et le testament, acte de souveraineté et de volonté dernière, ne s'accommodait point de la gêne que l'irrévocabilité de dispositions entièrement semblables aurait apportée à la liberté des citoyens[1]. C'est pourquoi tout pacte sur succession future était prohibé (loi 61, *De verbor. obligat.*). Les jurisconsultes

---

[1] Il en fut ainsi à toutes les époques, même lorsque les Romains pratiquaient le testament *per œs et libram*. Cette dernière forme de tester, malgré son apparence de contrat, n'enlevait au testateur ni la faculté de révoquer la vente de son patrimoine, ni le droit de disposer suivant sa volonté de chaque objet en particulier. L'*emptor familiæ* était loin, par conséquent, d'avoir un droit certain d'hérédité. Cependant, M. Ortolan, se fondant sur le caractère d'irrévocabilité de la mancipation et sur la paraphrase de Théophile, où il est dit : « *Familiæ emptor idem erat ac heres,* » enseigne que le testament *per œs et libram* assurait un droit d'hérédité au *familiæ emptor.*

justifiaient d'une autre manière cette prohibition : ils prétendaient que le pacte successoire est contraire aux bonnes mœurs,
quia contra bonos mores est hœc stipulatio (ibid.), comme renfermant *votum alicujus mortis* : ces considérations avaient bien
leur importance ; elles prouvent que ce n'était pas à la logique
seule que le droit romain empruntait la sévère fermeté de ses
déductions.

Ainsi, l'institution d'héritier ne peut avoir lieu que dans un
testament. Les conventions qui tendraient à restreindre la liberté de tester sont de nul effet. Les textes abondent pour le
prouver. Nous nous bornerons à citer la constitution 15, Cod.
De pactis, qui statue sur une hypothèse analogue à l'institution
contractuelle, sur la promesse d'égalité faite par un père dans le
contrat de mariage de sa fille : « *Pactum quod dotali instrumento
comprehensum est ut, si pater vita fungeretur, ex æqua portione
ea quæ nubebat, cum fratre heres patris sui esset.* » Les empereurs Valens et Gallien déclarent l'obligation du père destituée
d'effet : « *Neque ullam obligationem contrahere, neque libertatem
testamenti faciendi mulieris patri potuit auferre.* » Cette constitution est formelle et décisive. Dès ce moment, nous pourrions,
à la rigueur, détourner nos investigations du droit romain sur
les autres sources du droit moderne. Nous avons cependant à
réfuter certaines opinions d'après lesquelles le berceau de l'institution contractuelle se trouverait dans les lois romaines.

La sévérité du droit romain pur fut adoucie, en ce qui touche
les pactes sur succession future, sous la législation du Bas-Em-
pire. Ces conventions tendaient à s'introduire dans les mœurs
et appelaient sur elles l'autorité protectrice de la loi. Aussi, les
constitutions impériales vinrent-elles quelquefois mitiger l'â-
preté du droit civil à leur égard. Constantin permit à une mère
de partager sa succession entre ses enfants, et donna force obli-
gatoire à un semblable partage, pourvu que la mère eût persévéré jusqu'à la mort dans la même volonté.

L'empereur Justinien nous montre sous son jour véritable la
modification qui s'introduit timidement, il est vrai, mais pro-
gressivement, dans les principes relatifs aux contrats sur succession future. Dans sa constitution 30, Cod. *De pactis*, ayant à sta-
tuer sur un contrat de cette espèce, il semble d'abord vouloir le
foudroyer au nom de la morale publique : « *Sed nobis omnes*

hujusmodi pactiones odiosæ esse videntur, et plenæ tristissimi et periculosi eventus. » Mais ce n'est là qu'une concession théorique faite aux anciennes règles, un écho de l'ancien état de choses qui va s'affaiblissant et sera bientôt couvert par des décisions contraires. « *Sancimus itaque nihil ex his pactionibus servari, nisi ipse forte de cujus hereditate pactum est, voluntatem suam eis accommodaverit et in ea usque ad extremum vitæ spatium perseveraverit.* » La rigueur du droit fléchit, à la condition que le *de cujus* aura donné son consentement et y aura persévéré jusqu'à son dernier soupir.

Toutefois, ces monuments du droit impérial ne sont que des dérogations particulières et exceptionnelles à la prohibition des pactes successoires qui subsiste comme règle générale dans le corps de droit de Justinien.

Fut-elle jamais écartée en faveur du mariage? L'affirmative paraît résulter de la Novelle 19 de Léon le Philosophe, où l'on voit que cet empereur, abrogeant la loi 15, Cod. *De pactis*, approuve et valide la paction d'un père qui a promis à son fils, en le mariant, de lui conserver dans sa succession une part égale à celle de ses frères et sœurs. Le fondement sur lequel s'appuie Léon le Philosophe est l'équité qui se manifeste dans une promesse tendant uniquement à conserver entre les enfants l'égalité dont les lois de la nature font un devoir aux parents. La Novelle 19 nous apprend même que la loi 15, Cod. *De pactis*, à laquelle elle vient faire les honneurs immérités d'une abrogation expresse, n'avait jamais pu, à cause de son absurdité évidente, se faire recevoir dans la pratique. Nous rencontrons donc ici une promesse d'égalité sanctionnée en même temps par les mœurs et par les lois; et, comme une telle promesse équivaut à un pacte successoire, l'origine de l'institution contractuelle paraît trouvée.

Telle a été l'opinion de Basnage. Furgole déclare également « que l'institution contractuelle peut tirer son origine de la Novelle 19 de l'empereur Léon, mais d'une façon assez éloignée.»

Pour faire rejeter cette manière de voir, il suffit, dit Eusèbe de Laurière, «de remarquer, après Cujas et Jacques Godefroy, que les Novelles de Léon n'ont presque point été observées ni regardées comme lois dans l'Orient, et qu'elles n'ont été même bien lues et bien connues dans l'Occident que par la traduction qu'Agylæus en a donnée longtemps après les rédactions et les réformations de nos coutumes, qui ont autorisé ces institutions. »

Cette observation d'Eusèbe de Laurière est parfaitement juste.

Mais, à son tour, cet auteur émet sur la question un avis que nous ne saurions adopter, quoique Merlin le trouve très-plausible.

Suivant de Laurière, la loi 19, Cod. *De pactis*, offre la source véritable de l'institution contractuelle. Dans cette loi, les empereurs Dioclétien et Maximien déclarent valable la convention par laquelle deux soldats, allant à la bataille, ont promis que les biens du prédécédé appartiendraient au survivant : « *Ut ad eum qui superstes fuisset, res ejus, cui casus finem vitæ attulerit, pertinerent.* » Merlin, se faisant à ce sujet l'interprète de Laurière, s'exprime en ces termes : « Dans le temps que Gerardus Niger et Obertus de Orto composèrent le Livre des fiefs, on commençait à enseigner publiquement le droit romain. Ces rédacteurs y remarquèrent que les soldats pouvaient s'instituer l'un l'autre contractuellement, et, comme la possession d'un fief emportait alors l'obligation du service militaire, ils crurent pouvoir considérer comme soldats tous les possesseurs de fiefs, et leur accorder en cette qualité le pouvoir de se faire des héritiers par contrat. »

A ne considérer cette opinion qu'au point de vue de la raison doctrinale, on ne peut s'empêcher de remarquer qu'il y a une différence fort grande entre le cas dont parle la loi 19, Cod. *De pactis*, et l'institution contractuelle. Si les empereurs Dioclétien et Maximien confirment le pacte de se succéder réciproquement fait par deux soldats à la bataille, c'est, comme le texte lui-même en fait foi, parce que la volonté des militaires, relativement à leur succession, peut se manifester de toute espèce de manière, indépendamment de toute solennité de formes, et obtient la même force qu'un testament, si elle a persévéré jusqu'au dernier soupir. Au fond, la loi 19, Cod. *De pactis*, présente non pas une convenance de succéder, mais un testament. C'est l'avis de Cujas : « *Rata est hæc pactio, non quasi pactio, sed quasi ultima voluntas, quod consentit cum constitutionibus imperatorum quæ jura singularia in testamentis militum constituerunt et statuerunt ut quælibet voluntas militis esset pro testamento.* » Si le pacte réciproque de se succéder ne vaut que comme testament, il n'oblige pas d'une manière irrévocable les contractants ; il ne constitue pas une convention proprement dite ; il ne faut y voir qu'un testament militaire.

En fait, la loi 19, Cod. *De pactis,* a bien pu servir aux juristes du douzième siècle pour cimenter dans le système féodal les institutions contractuelles d'héritier. Nous aurons bientôt à nous occuper de ce point, et nous apprécierons alors l'application des lois romaines faite par les feudistes aux possesseurs de fiefs. Pour le moment, nous nous bornerons à faire observer que, même avant le droit féodal du douzième siècle, l'institution irrévocable d'un héritier était reçue dans les mœurs et permise par les lois : ce qui exclut la possibilité de faire remonter l'origine de l'institution contractuelle seulement à l'époque de la composition du Livre des fiefs. D'ailleurs, cette origine fût-elle vraie, il resterait à indiquer comment on étendit aux successions ordinaires un usage primitivement établi pour les seules successions féodales, et, en second lieu, comment cet usage fut renfermé dans les conventions matrimoniales.

En résumant les observations qui précèdent, nous sommes autorisés à conclure que ce n'est pas dans le droit romain qu'il faut chercher le germe de l'institution contractuelle.

Tournons maintenant nos regards sur la législation des peuples barbares qui vinrent, du cinquième au sixième siècle, accélérer la chute de l'empire romain et s'établir sur ses ruines, C'est là que nous découvrirons la naissance de l'institution d'héritier par contrat ; c'est de là que nous pourrons suivre les périodes de sa formation progressive.

Suivant le témoignage de Tacite, les Germains des premiers temps ne connaissaient pas le testament et n'avaient d'autres successeurs que leurs enfants : « *Heredes tamen successoresque sui cuique liberi ; et nullum testamentum.* »

Après la conquête de la Gaule, les mœurs se modifièrent, le type primitif de la race germanique s'altéra. La propriété territoriale, pour ainsi dire inconnue dans les forêts de l'antique Germanie, devint, en deçà du Rhin, une suite nécessaire de l'invasion. Aux dons de chevaux, d'armes, aux banquets, aux présents mobiliers qui retenaient les compagnons autour du chef, succédèrent les dons de terre, les bénéfices qui prirent place à côté des alleux et devinrent une source nouvelle de relations personnelles.

D'un autre côté, la fusion qui s'opéra insensiblement entre la race conquérante et les Gallo-Romains introduisit l'usage des dispositions de biens à titre universel, des testaments. Toutefois, ce dernier résultat ne se manifeste qu'à la longue, grâce à l'infiltration du droit romain dans les coutumes des barbares et à la faveur des encouragements intéressés des monastères et des gens d'église.

Le testament n'est pas mentionné dans la loi salique, dont la première rédaction latine remonte, comme on sait, à Clovis (de l'an 481 à l'an 496). Est-ce, comme le prétend M. Laferrière, parce que les Francs de la loi Salique ne comprenaient pas cette puissance, que l'homme tient tout à la fois de sa nature spirituelle et de la société, pour disposer de sa chose au moment suprême où il est forcé de l'abandonner? Nous ne saurions partager cette conjecture, issue peut-être des idées spiritualistes émises par Leibnitz, sur le fondement rationnel du droit de tester. Selon nous, il faut attribuer simplement l'absence du testament, chez les premiers Francs de la loi Salique, au peu d'importance qu'avaient laissé à la propriété les habitudes de guerre et de pillage de ces tribus encore barbares. Avec la constitution d'un tel état social, la succession légitime devait suffire, à elle seule, aux intérêts de la famille.

Quoi qu'il en soit, si le testament ne figure pas dans la loi salique, on y trouve les pactes solennels sur les successions futures, contre lesquels s'élevaient les barrières de la législation romaine; on y trouve spécialement l'institution d'héritier contractuelle, donation entre vifs, irrévocable, accompagnée de tradition solennelle et de mise en possession immédiate. C'est ce qui a fait dire à Loisel, dans ses *Institutes coutumières* : « *Institution par paction, ou reconnaissance d'héritier simple ou mutuelle, et donation particulière par contrat de mariage vaut par la loi Salique des Français et ne se peut révoquer* [1]. »

[1] Un grand nombre de nos anciens jurisconsultes ont cru trouver l'origine de l'institution contractuelle dans la loi Salique, mais à un point de vue bien différent de celui que nous indiquons. Suivant Lebrun, Ricard, Coquille, Cujas, etc., l'institution contractuelle a son fondement dans les usages des fiefs qui s'observaient en Lombardie. On voit, en effet, dans le

En effet, le titre XLVIII de la loi Salique : *De affatomiæ*, offre, dans une cérémonie où se manifeste le symbolisme matériel de cette époque primitive, le moyen de disposer d'une hérédité par forme de contrat. En voici le résumé : Dans le mall légitime, ou devant le roi, le Franc qui veut transmettre tout ou partie de ses biens jette un rameau dans le sein de celui qu'il veut gratifier, et le nomme son héritier, *et heredem appellat*. Le donataire entre dans la maison du donateur et prend possession de ce qui lui a été donné. Plus tard il rend, par le jet du rameau, la chose au donateur. Avant l'expiration de l'année, il reçoit de nouveau en justice la branche (*festucam*) dans son sein. Ainsi, l'institution devient irrévocable : le Franc Salien s'assure un héritier et intervertit, à son gré, l'ordre légal des successions.

Tel est, selon nous, le germe premier de l'institution contractuelle. Sans doute, elle ne nous apparaît pas dans le titre XLVIII de la loi Salique avec tous les caractères dont elle sera revêtue plus tard. Nous n'avons encore qu'un germe : il faut attendre.

Les familles germaniques n'avaient pas les mêmes préventions que les Romains contre les pactes sur succession future. La faveur des pactes successoires est un trait qui sépare profondément des Romains les peuples d'origine germanique. Ces pactes deviennent d'un usage fréquent et populaire. Le fameux traité d'Andelot en contient la preuve. Ils sont reconnus par la loi des Francs Saliens, des Ripuaires, des Visigoths et des Bourguignons. On en trouve des traces nombreuses dans les Formules de Marculf. Mais la loi Ripuaire mérite de fixer particulièrement notre attention.

Cette loi, rédigée pour la première fois sous Thierry, fils de Clovis, et revisée par les soins de Dagobert Ier (628-638), a plusieurs points de ressemblance avec la loi Salique. Ce rapport trouve son explication naturelle dans la communauté d'origine des deux tribus. Le titre XLVIII, *De affatomiæ*, de la loi Salique, que

titre **XXIX** du livre II *De feudis*, que celui qui se mariait en secondes noces et contractait un mariage moins avantageux que le premier pouvait stipuler que la seconde femme et ses enfants n'auraient pour tous droits qu'une certaine somme d'argent. Or, on disait à Milan qu'une telle stipulation se faisoit d'après la loi Salique. Mais, comme on l'a fait observer, en admettant qu'une telle stipulation vienne de la loi Salique, quel rapport y a-t-il entre un semblable usage et l'institution contractuelle?

nous avons déjà analysé, a une analogie frappante avec le titre XLVIII, *De homine qui sine heredibus moritur*, de la loi Ripuaire.
Voici la traduction de ce dernier texte : « Si quelqu'un, n'ayant
ni fils ni fille, veut donner toute sa fortune, en présence du roi,
soit le mari à sa femme, soit la femme à son mari, soit enfin un
parent à un autre, ou même à un étranger, il peut, d'après la
loi des Ripuaires, adopter en hérédité (*adoptare in hereditatem*)
ou transmettre ses biens, soit par l'écriture, soit par la tradition et
en employant des témoins. » L'analogie est évidente, mais elle
n'exclut pas certaines différences. Ainsi, d'après la loi Salique,
l'institution devait se faire dans le mall ou devant le roi. La loi
Ripuaire ne parle que du roi, *in præsentia regis*. Chez les Francs
Saliens, le titre d'héritier est conféré au moyen d'une panto-
mime symbolique, l'investiture est couronnée de formes matérielles. Chez les Francs Ripuaires, la disparition de la rudesse
des formes témoigne d'une civilisation plus avancée. Le donateur peut recourir à l'écriture, transférer son hérédité par acte
écrit, *per scripturarum seriem*; la tradition n'est plus que facul-
tative, et ainsi se réalise un nouveau progrès dans la formation
de l'institution contractuelle. La mise en possession immédiate,
formalité opposée à la nature de l'institution contractuelle,
existait dans la loi Salique; elle n'est plus absolument nécessaire dans la loi Ripuaire, elle peut être remplacée par un simple
acte, sans tradition.

Voici donc un progrès, voici l'agrégation d'un nouvel élément
pour composer l'institution contractuelle. L'institué acquiert, du
vivant de l'instituant, un droit assuré, irrévocable, à l'hérédité.
Il est comme l'héritier du sang, il est même davantage ; car,
d'après la *Lex Rothar.*, 173, non-seulement le donateur ne peut
faire une nouvelle institution au préjudice du premier institué,
mais encore il lui est interdit d'aliéner ses biens, si ce n'est pour
cause de misère, et en offrant à l'institué la préemption. Enfin
l'institution se fait par simple contrat, non suivi de mise en possession.

Le titre XLVIII de la loi Ripuaire n'avait pas échappé aux
recherches des jurisconsultes. Mais il avait été mal interprété
avant les érudites élucubrations de l'école historique moderne.
De Laurière et Merlin n'ont vu dans l'hypothèse de ce titre
qu'une adoption. Leur erreur provient de ces mots : *adoptare*

in hereditatem; il est à observer, en effet, d'après une formule
de Marculf (11, 13), que les institutions contractuelles étaient
fort souvent l'accessoire, le complément des adoptions. Mais
nul doute que de Laurière ne se soit mépris sur le sens du texte
de la loi Ripuaire. Car, s'il s'agissait d'une adoption pure et simple, on ne comprendrait pas que cet acte, comme le porte le
texte lui-même, pût être fait entre époux (*sive vir mulieri, sive
mulier viro*). Il ne faut donc y voir qu'une disposition d'hérédité, irrévocable, par contrat.

Avant de quitter l'époque barbare qui forme la première période de l'histoire de notre droit français, nous devons dire
quelques mots de l'institution contractuelle d'après les capitulaires.

Les capitulaires relatifs à la législation civile furent un nouvel
élément jeté par Charlemagne et ses successeurs dans une société où commençaient à s'agiter tant de lois et de coutumes diverses. Quelques-uns de ces monuments législatifs vinrent combattre les lois Salique et Ripuaire, et les soumettre à l'action
civilisatrice du christianisme et des lois romaines : dans sa lutte
contre les anciens usages nationaux, l'autorité des Carlovingiens
s'inspira toujours des idées de progrès et de civilisation.

Or, un capitulaire de l'an 803 (cap. IV, § 7) porte : « *Qui
filios non habuerit et alium quemlibet heredem facere sibi voluerit,
coram rege, vel comite, vel scabinis, vel missis dominicis, qui
tunc ad justitias faciendas in provincia fuerint ordinati, tradi-
tionem faciat.* »

Cette disposition rappelle le titre XLVIII de la loi Ripuaire.
Elle permet l'institution d'héritier contractuelle à celui qui est
sans enfants, *qui filios non habuerit*. L'institution d'héritier qui,
d'après cette dernière loi, devait être faite en présence du roi,
pourra, suivant le capitulaire, s'opérer devant les délégués de
l'empereur, devant ses comtes, ses échevins, ses *missi dominici*.
Il n'est plus question, à cette époque, des assemblées nationales,
des malls légitimes de la loi Salique. Charlemagne a entrepris
de donner à la royauté franque le caractère de la royauté impériale, de ressusciter l'administration romaine, et, suivant l'expression de M. Guizot, cette omniprésence du pouvoir impérial
sur tous les points, qui avait fait la force de ce grand despo-
tisme.

Mais nous ne pouvons croire qu'en indiquant la tradition comme mode de se donner un héritier, le capitulaire de l'an 803 ait exclu l'écriture, la *scripturarum series* de la loi Ripuaire. Rien ne l'indique. C'est à tort que, dans une dissertation, excellente d'ailleurs, insérée dans la *Revue de Législation* (t. II, p. 12 et suiv.), M. Eschbach prétend que Karle le Grand, en exigeant la tradition d'une manière exclusive, ramena l'institution contractuelle aux conditions matérielles de la loi Salique. Cette manière de voir heurte ouvertement l'esprit général des capitulaires, tel que nous l'avons défini, et ne s'accorde guère avec les reproches de réserve et de timidité adressés à Charlemagne par son biographe Eginhard, à propos des modifications et additions législatives aux lois Salique et Ripuaire. Selon nous, le capitulaire que nous avons rapporté a eu pour but d'indiquer non pas la forme unique suivant laquelle l'hérédité pourrait être transférée contractuellement, mais les magistrats devant lesquels cette translation pourrait s'effectuer, à cause des changements apportés dans l'organisation politique. Quoi qu'il en soit, le capitulaire de l'an 803 témoigne d'une manière irrécusable de la conservation de l'institution contractuelle et nous permet d'en suivre les traces non interrompues jusque dans le neuvième siècle.

Nous arrivons à l'époque féodale. La féodalité reçoit du droit germanique et des capitulaires de la seconde race les pactes sur les successions non ouvertes. Elle va s'en emparer et les accommoder aux nécessités de son existence. Sous son influence, l'institution contractuelle se forme, se précise et se compose la physionomie que nous lui trouverons à l'origine de notre droit coutumier. Etudier cette nouvelle phase, c'est donc assister à l'enfantement véritable de l'institution contractuelle.

Du jour de la déclaration légale de l'hérédité des bénéfices (capitulaire de Charles le Chauve, 877), date, on peut le dire, l'avénement de l'élément féodal dans notre histoire. La féodalité se constitue sur cette base, à la faveur de l'affaiblissement de l'autorité des Carlovingiens. La condition des personnes est assujettie à la condition des terres. La souveraineté se morcelle; le roi n'a plus qu'un pouvoir nominal. Propriétaire du sol, le seigneur exerce sur les habitants presque tous les droits de puissance. La société présente l'aspect d'une vaste association hiérarchique, où le supérieur et l'inférieur, le souverain et le vassal sont unis par des devoirs et des services réciproques.

De toutes les obligations imposées au vassal envers son suzerain, la plus générale, celle que l'on peut regarder comme le fondement même des relations des possesseurs de fiefs entre eux, c'est assurément l'obligation du service militaire. *Domino guerram faciente, vasallus eum adjuvare tenetur* (Feud., liv. II, tit. XXVIII). Le vassal est l'homme d'armes du seigneur, tenu d'obéir à ses réquisitions : le vassal est un soldat. Aussi, au douzième siècle, lorsque, sous l'impulsion féconde de l'école de Bologne, la renaissance de l'étude du droit romain enrichit de gloses savantes les textes de Justinien, on se demanda si on ne pourrait pas appliquer aux possesseurs de fiefs les priviléges que les lois de Rome avaient concédés aux soldats. Les glossateurs, voyant dans la loi 13, Cod. *De pactis*, un pacte sur succession réciproque, voulurent le permettre aux soldats de cette époque, c'est-à-dire aux possesseurs de fiefs. Au quatorzième siècle, Barthole, dans son commentaire sur cette loi, dit : « *Pactum de succedendo invicem non habet vim ultimæ voluntatis, nisi inter milites... Quæritur an ista lex procedat in militibus nostri temporis.* » Cette question ne comportait pas le moindre doute. Elle fut résolue par les glossateurs, et, à leur suite, par les feudistes dans le sens de l'admission de l'institution d'héritier par contrat. C'est pourquoi nous voyons plus tard, dans les *Decisiones Nicolai Boerii* (204, IV) : « *Et tamen favore militiæ valet donatio hereditatis collata post mortem, etiam quando miles donavit tanquam hereditatem.* » Il n'y avait là rien que de naturel : c'était la confirmation d'un usage préexistant depuis longtemps, fondé sur les coutumes barbares et sur les capitulaires ; c'était le droit de cité accordé aux pactes sur succession future dans les mœurs féodales.

Voyons comment ils y furent traités.

L'une des principales conditions d'existence de la féodalité c'était d'assurer le service des biens donnés en fief, de les soustraire à toute vacance de possession. La perpétuité de l'association féodale était à ce prix. Il ne fallait pas que le fief revînt au seigneur ; le suzerain lui-même y était intéressé, à cause de la conservation de ses prérogatives, telles que le droit au service militaire, aux aides, le droit de relief (*relevium*), de rachat (*reaccapitum*), de lods et ventes, etc... De là, dans les relations féodales, plusieurs usages ayant pour but d'assurer la conservation et la desserte continue des fiefs. Ainsi le mineur, héritier du vassal, est admis à faire hommage, nonobstant son incapacité, afin que la possession du fief ne soit pas interrompue. Les ascendants ne succèdent pas aux fiefs ; car, comme dit Montesquieu (*Esprit des lois*, liv. XXXI, ch. XXXIV) : « Il fallait que le fief fût servi ; mais un aïeul, un grand-oncle auraient été de mauvais vassaux à donner au seigneur. Le fief devait être possédé par une personne capable de porter les armes. Le droit d'aînesse s'établit dans la succession des fiefs. »

Le seigneur a le droit d'offrir un mari à l'héritière du fief (*maritagium*) ; car ce mari doit être vassal[1].

Suivant une ordonnance de saint Louis, ceux qui ont le bail d'une fille héritière d'un fief donneront assurance au seigneur qu'elle ne sera mariée que de son consentement. Si le vassal veut marier son héritier présomptif sans le consentement du suzerain, la coutume a introduit au profit du suzerain le droit de s'opposer au mariage.

Le suzerain intervient dans ces alliances où ses intérêts sont engagés. Il y fait régler la succession au fief. Le contrat qui est dressé assure un héritier au vassal actuel, un nouveau vassal au suzerain. Le contrat de mariage contient une institution contractuelle d'héritier. Le fief sera servi par l'héritier contractuel.

Voici en quels termes Montesquieu constate ce fait : « Les fiefs étant héréditaires, les seigneurs, qui devaient veiller à ce que le fief fût servi, exigèrent que les filles qui devaient succéder aux fiefs, et, je crois, quelquefois les mâles, ne pussent se marier sans leur consentement : de sorte que les contrats de mariage devinrent pour les nobles une disposition féodale et une disposition civile. Dans un acte pareil, fait sous les yeux du seigneur, on fit des dispositions pour la succession future, dans la vue que ce fief pût être servi par les héritiers : aussi les seuls nobles eurent-ils d'abord la liberté de disposer des successions futures

---

[1] « Quant le seignor veaut semondre ou faire semondre , si comme il doit, feme de *prendre baron*..., celui que il a establi en son leue, doit dire enci : « Dame, je vous euffre de par monseignor trois barons ; et vous se- « mons, de par monseignor, que dedans tel jour, aiés pris l'un des trois « barons que je vous ai només. » (*Assises de Jérusalem.*)

par contrat de mariage, comme l'ont remarqué Boërius et Aufrerius. » (*Esprit des lois*, liv. XXXI, ch. xxxiv.)

Ainsi, c'est grâce à l'intérêt féodal que l'institution contractuelle fut admise dans le contrat de mariage. Ce résultat est important. L'institution contractuelle nous apparaît enfin avec tous ses éléments constitutifs que nous avons lentement recueillis dans l'ordre des temps. Nous pouvons maintenant contempler l'édifice dans toute l'étendue avec laquelle il a été légué aux âges suivants. C'est la féodalité qui a assisté à son achèvement.

Mais tout n'est pas dit encore. L'édifice est reconstitué : il nous reste à suivre les modifications qu'il a subies et les besoins auxquels il a successivement répondu.

Après avoir pris place dans les contrats de mariage, l'institution d'héritier s'y maintient et s'y fixe fortement. Quand la féodalité proprement dite, s'affaissant sous la triple pression du pouvoir monarchique, des communes et des guerres sanglantes, se transforme en aristocratie de naissance et constitue l'ordre de la noblesse, l'institution contractuelle sert, non plus à la transmission anticipée des fiefs, mais à la conservation des biens, à la splendeur du nom dans les familles nobles. Elle entre dans le même système de combinaisons aristocratiques que les renonciations des filles à la succession de leurs parents, que les reconnaissances et déclarations d'aîné et principal héritier.

Un contrat de mariage, passé en l'an 1425 dans la province d'Auvergne et rapporté par Baluze dans son *Histoire de la maison d'Auvergne,* contient la renonciation de la fiancée à la succession de son père, et il est dit que cette renonciation a eu lieu « *eu égard aux priviléges des barons et nobles des grands hosteaux d'Auvergne, particulièrement de l'hôtel du Dauphin, lesquels pour la conservation de leurs nom et armes, grandeur de leur hôtel et état, et les frais qu'ils font pour servir bien armés à la tuition du royaume et de la chose publique, ont coutume d'instituer leur fils aîné leur héritier universel.* »

Il n'est plus question, au quinzième siècle, de soutenir la hiérarchie féodale. L'institution contractuelle est employée pour favoriser les alliances de la noblesse et ajouter à l'éclat des grandes familles.

C'est pourquoi plusieurs auteurs anciens, entre autres Lebret, le président Bouhier, Hervé, Boërius, Aufrerius et Benedictus, s'accordent à dire que les institutions contractuelles n'avaient lieu originairement qu'entre nobles, *inter nobiles*. C'est avec ce caractère qu'elles passeront dans la rédaction de quelques coutumes; et nous ne devrons pas être étonnés de voir qu'elles ne sont admises par la coutume d'Anjou (art. 245) et par celle du Maine (art. 262) que de la part d'homme ou de femme noble dans le contrat de mariage de leurs descendants.

En entrant dans les contrats de mariage, les pactes de succéder, si nécessaires pour la desserte des fiefs, si utiles pour la puissance de la noblesse, ne disparurent pas tout d'abord des autres actes de la vie civile. D'après le témoignage des anciens coutumiers, ils existèrent à l'état d'institution générale et sans restriction jusqu'à la rédaction des coutumes. On peut voir, à ce sujet, le *Conseil* que Pierre de Fontaines donna *à son ami*, vers l'an 1253 (ch. xv, § 7) Masuer (*Practica forensis*, t. XXXII, n° 16), et Benedicti (sur la décrét. *De Testam. cap. Raynut. sect. duas habens filias*, n° 200). D'où vient donc que, dans nos coutumes des quinzième et seizième siècles, les pactes de succession future se trouvèrent cantonnés dans les contrats de mariage?

C'est que l'usage de ces conventions avait depuis longtemps un ennemi : c'était le droit romain. Au milieu du tourbillon des lois et des coutumes barbares qui avaient agité le droit de notre pays pendant le moyen âge, un élément s'était conservé, vivace et plein d'avenir. Déposé dans le Code Théodosien et le Bréviaire d'Alaric, cultivé même en Normandie, au milieu du onzième siècle, si l'on en croit ceux qui prétendent qu'il fut enseigné par Lanfranc, à l'abbaye du Bec, il avait annoncé aux esprits qu'il fallait encore compter avec lui, et manifesté sa durée par certaines œuvres de jurisprudence, notamment par les *Petri Exceptiones*. A l'époque de ce qu'on est convenu d'appeler sa renaissance, son étude excita une noble ardeur qui alla toujours s'augmentant. La sollicitude du pape Honorius III pour l'enseignement du droit canonique en fut alarmée (1220, *Super decretalis*, etc.). Armés du droit romain, les légistes combattirent la féodalité dans l'ordre politique et judiciaire. Les praticiens du treizième siècle portèrent leur attention simultanément sur les coutumes nationales et sur le droit romain. Le *Conseil* de de Fontaines, que nous citions tout à l'heure, n'est qu'un parallèle entre les deux législations. Dès lors s'établit une lutte entre les lois romaines d'un côté et les principes des coutumes territoriales de l'autre. Cet antagonisme se révéla d'une manière particulière dans les pactes sur succession future. Les romanistes voulurent les anéantir sous l'autorité prohibitive des lois romaines. Nous avons indiqué, au début de cette revue historique, à quel point la législation de Rome était hostile aux conventions sur successions non ouvertes. Mais ces conventions avaient pris racine dans les mœurs de la société depuis plusieurs siècles; elles se trouvaient sous la protection du droit féodal. Il fallait, pour les combattre avec avantage, que les sectateurs du droit romain jouissent de l'autorité législative, ou d'une influence analogue : c'est ce qui arriva lors de la rédaction des coutumes.

Les commissaires chargés d'assister à cette rédaction outrepassèrent leur mandat : ils devaient uniquement, suivant les expressions de Ferrières, y contribuer de leur présence, afin qu'il ne se passât rien de contraire aux intérêts du roi et de l'État; et ils imprimèrent leur génie, leurs dispositions personnelles à la rédaction! Or, ils étaient pour la plupart de fervents romanistes. Ils n'eurent pas de peine à triompher de l'institution d'héritier par contrat. Défenseurs de celle-ci, les feudistes lâchèrent pied sur tous les points, excepté sur le contrat de mariage. La faveur des alliances nobles, telle fut la raison qu'ils opposèrent comme dernier retranchement. Aussi l'institution contractuelle fut-elle emprisonnée dans les conventions matrimoniales. La seule coutume de Berry osa l'y poursuivre[1]; chez elle, l'esprit du droit romain fit taire en partie les priviléges du contrat de mariage. « *Mais*, comme le fait observer Guy Coquille, *l'auteur d'icelle coutume était M. le président Lizet, grand sectateur de droit romain.* » C'est donc à l'influence romaine qu'il faut rapporter la relégation de l'institution contractuelle dans le contrat de mariage. Cette opinion est aujourd'hui généralement admise; elle a été développée par M. Eschbach, dont nous avons déjà cité le remarquable travail.

---

[1] La coutume de Berry ne rejetait en réalité, comme le fait remarquer la Thaumassière, que les institutions contractuelles universelles faites par les futurs époux au profit l'un de l'autre, ou en faveur des descendants de leur mariage. Elle admettait les convenances de succéder à titre particulier faites par des étrangers en faveur des futurs époux ou de leurs descendants. (Art. 5, 6, 7 du titre VIII de cette coutume. Arêt d'avril 1612.)

Cependant, comme un arbre dont on a émondé les branches parasites, l'institution contractuelle, renfermée dans le contrat de mariage, acquiert plus de vigueur et cherche à se propager et à s'étendre. Un travail de réaction s'opère alors au détriment du droit romain. Les pays restés plus particulièrement fidèles à ce droit, ceux qu'on appelle pays de droit écrit, acceptent l'institution d'héritier par contrat de mariage. Ce fait apparaît d'une manière incontestable, même au commencement du seizième siècle. Dans une coutume locale rédigée en 1510, il est dit : « *La ville de la Chaise-Dieu, combien qu'elle se régisse par droit écrit, toutefois ont accoutumé que les convenances de succéder et autres apposées ès contrats de mariage et associations, sont valables.* » Dès lors, l'institution contractuelle ne tarde pas à devenir de droit commun dans toute la France ; c'est une coutume générale admise dans le Midi aussi bien que dans le Nord. Les ordonnances royales l'approuvent et confirment la généralité de son établissement.

Telles furent l'origine et la formation progressive de l'institution contractuelle. Pour dominer tout ce qui précède d'un point de vue synthétique, nous pouvons répéter ici ce qu'écrivait M. Benech : « *En résumé, il résulte des faits historiques que le germe de l'institution contractuelle réside dans les lois germaniques ; que ce germe fut puissamment développé par la féodalité ; enfin, que son action fut, au contraire, contenue par le droit romain, et sa sphère d'action limitée dans le contrat de mariage*[1]. »

Nous allons exposer maintenant les règles principales auxquelles fut soumise l'institution contractuelle dans notre ancien droit.

DEUXIÈME PARTIE.

DE L'INSTITUTION CONTRACTUELLE D'APRÈS L'ANCIEN DROIT FRANÇAIS.

Les anciennes lois barbares apportées en Gaule par l'invasion germanique étaient des lois personnelles. Le Ripuaire avait sa

---

[1] *De l'élément gallique et de l'élément germanique dans le Code Napoléon.* Communiqué à l'Académie de législation dans ses séances des 3 et 31 mars 1852.

loi, le Salien la sienne. Le Burgonde obéissait à la loi Gombette;
le Wisigoth à la *lex romana Visigothorum.* Un tel état de choses
ne pouvait subsister avec la féodalité. Comment concilier l'im-
mobilisation et l'isolement de la puissance dans le fief héréditaire avec la mobilité et la fusion incessante des races? l'uni-
formité d'un gouvernement local s'appesantissant à la fois sur
les hommes et la terre, les identifiant sous un même joug, avec
la diversité de lois personnelles se pliant, sans distinction de
lieux, à l'infinie variété des nationalités individuelles? C'était
impossible. Dès que la souveraineté et la propriété furent con-
fondues, le seigneur, maître de la juridiction dans toute l'étendue
de sa terre, n'interrogea pas l'origine de ses subordonnés pour
appliquer à chacun sa loi. Il s'attacha à la loi du plus grand
nombre ; et celle-ci, conservant son autorité par la fréquence de
son application, se transforma par degrés, changea sa personna-
lité en réalité ; elle ne fut plus la loi de tel individu, elle devint
la loi de la coutume, la loi de la terre et de tous ceux qui y ré-
sidaient, et ainsi s'opéra la transfusion des lois personnelles
dans le système des lois terriennes (*lex terrena*), des coutumes
réelles.

Ces coutumes, qui avaient pris naissance avec la féodalité,
variaient entre elles à tel point que Beaumanoir disait dans
sa Coutume de Beauvoisis : « *Chaque seigneurie a son droit civil,
et, dans tout le royaume, il n'y a peut-être pas deux seigneuries
qui soient gouvernées de tout point par la même loi.* » Cette différence des coutumes s'explique par la diversité des mœurs et des
habitudes des peuples. Elle s'explique encore par la multiplicité
des sources ; car les lois germaniques, les lois canoniques, le
droit romain de Justinien employé comme complément par nos
praticiens du treizième siècle, le droit féodal, tous ces éléments
à la fois ont concouru à constituer le droit coutumier.

Au milieu de ces traditions confuses, l'erreur était inévitable,
la mauvaise foi trop secondée. Il devenait indispensable de fixer
les coutumes par écrit. Des travaux particuliers eurent lieu dans
ce sens, au treizième et au quatorzième siècle. Mais ils étaient
sans caractère officiel et incomplets. Nos rois voulurent fournir
une règle sûre aux administrateurs de la justice. Charles VII,
le premier, ordonna la rédaction des coutumes du royaume
(ordonn. de Montils-les-Tours, 1453). Elles furent écrites à la fin

du quinzième et au commencement du seizième siècle, par les soins principalement de Charles VIII, Louis XII et François Ier.

C'est dans le droit de ces coutumes écrites que nous avons à étudier l'institution contractuelle.

Pour être nombreuses et différentes, les coutumes n'en contiennent pas moins certains principes généraux. Voilà pourquoi, dans le silence d'une coutume sur un point, on s'en référait à l'autorité des coutumes voisines. Il y avait des maximes coutumières communes qui donnaient à nos coutumes un air de famille, qui établissaient, au sein même de la diversité des dispositions particulières, une certaine unité, et, pour ainsi dire, une identité d'esprit. (Dumoulin, *De concordia et unione consuetudinum Franciæ*.) Cette espèce de fusion se manifeste dans la révision des coutumes, et peut surtout être remarquée dans la coutume de Paris, rédigée en 1510 et réformée en 1580. C'est sur cet ensemble de principes et d'institutions communes que reposait l'espérance que la France, suivant les expressions de Loisel, «*se pourrait enfin réduire à la conformité, raison et équité d'une seule loi, coutume, poids et mesure.*» C'est enfin ce droit commun coutumier qui constituait, à vrai dire, le signe caractéristique des pays de droit coutumier. Car la différence entre les pays de droit écrit et les pays coutumiers résidait précisément dans le droit commun des uns et des autres : ici, le droit commun coutumier; là, le droit romain.

Cette séparation entre le nord et le midi de la France, dont il faut tenir compte dans la plupart des matières de notre droit, est ici sans vérité. Nous ne voulons pas dire que les pays de droit écrit et ceux de coutume fussent, quant à l'institution contractuelle, soumis aux mêmes règles. Nous aurons, au contraire, à signaler entre eux plusieurs différences importantes. Mais l'institution contractuelle ayant été reçue avec faveur par les Parlements de droit écrit eux-mêmes, il s'agit ici d'un usage général, admis non-seulement dans les pays du nord, mais encore dans ceux du midi, non-seulement dans les coutumes qui s'en expliquent formellement, mais dans le ressort de celles qui n'en disent rien.

Nous traiterons donc de l'institution contractuelle d'après le droit commun des pays coutumiers.

Pour l'institution contractuelle, le droit commun se forme principalement des dispositions des coutumes où elle fut formellement reçue et réglementée avec développements. De ce nombre sont : la coutume d'Auvergne, celle du Bourbonnais, qui servait à combler en cette matière le silence de la coutume de Paris, celle de la Marche et celle du Nivernais.

Aussi, pour dire en passant quelques mots sur la question bibliographique, c'est dans les commentateurs de ces coutumes qu'il faut chercher l'interprétation des anciennes règles sur l'institution contractuelle : on peut consulter avec fruit Chabrol sur la coutume d'Auvergne ; Auroux des Pommiers, Ricard et Lebrun pour celle du Bourbonnais ; les notes de Dumoulin sur les coutumes de Bourbonnais, d'Auvergne et de Nivernais ; Coquille, Boucheul et de Laurière. Le sujet se trouve traité *ex professo* dans ces deux derniers auteurs. Nous n'en reprendrons pas l'exposition dans les mêmes proportions ; mais, resserrant notre cadre d'après les limites qui nous sont imposées par l'utilité actuelle, nous nous efforcerons de mettre en lumière les traits les plus saillants et les plus nécessaires à connaître.

I. — De la nature de l'institution contractuelle.

L'institution contractuelle est un don irrévocable de succession ou d'une partie de succession, fait par contrat de mariage par des pères et mères ou même par des étrangers, au profit de l'un des conjoints ou des enfants qui doivent naître du futur mariage.

Le droit coutumier s'était singulièrement écarté du droit romain, relativement à l'institution d'héritier. D'après le droit romain et la jurisprudence des pays de droit écrit, les dispositions testamentaires avaient pour base, pour condition essentielle de validité, l'institution d'héritier (*caput et fundamentum testamenti*); l'héritier institué représentait seul le défunt, succédait seul à sa personne, avait seul la saisine. Dans les pays de coutume, au contraire, les liaisons du sang et de la nature l'avaient emporté sur la volonté individuelle. A la maxime romaine : *Dicat testator et erit lex*, on opposait celle-ci : *Solus Deus heredem facere potest, non homo*. On ne pouvait point nommer un héritier : *Institution d'héritier n'a point de lieu*. La loi seule faisait ou plutôt désignait l'héritier. C'est à lui, c'est à cet héritier naturel qu'appartenait la saisine ; seul il pouvait continuer la personne du défunt. Dans cet ordre de choses, l'institution contractuelle se présente comme une exception. En pays coutumier, le contrat de mariage a le privilége de créer un héritier. Institution d'héritier ne vaut, sinon en faveur des mariés par le contrat de leur mariage. De là le nom d'institution contractuelle universellement admis dans notre ancien droit, et marquant la réunion dans une même disposition de deux éléments opposés : le testament, acte unilatéral de volonté ambulatoire, et la donation entre vifs, acte conventionnel de volonté irrévocable.

C'est de ce mélange de caractères contradictoires qu'est née la difficulté de déterminer la véritable nature de l'institution contractuelle. Est-ce une donation à cause de mort, est-ce un testament ? est-ce une donation entre vifs ? Ou plutôt n'est-ce pas une disposition *sui generis ?*

« Plusieurs auteurs, dit Furgole, ont parlé des institutions contractuelles et en ont expliqué les effets; mais je n'en ai trouvé là aucun qui en ait expliqué et développé exactement la nature. »

Cette question si controversée n'est pas de vaine curiosité; la réponse doit influer sur la solution de divers cas particuliers.

De Laurière, Coquille, Ricard, regardaient l'institution contractuelle comme une donation à cause de mort. Les motifs qu'ils en donnaient sont : que l'une comme l'autre est révoquée par le prédécès de celui qui est gratifié; que l'institution contractuelle a trait de temps, c'est-à-dire est suspendue, quant à son exécution, jusqu'à la mort de l'instituant; que l'instituant se préfère à l'institué et préfère l'institué à son héritier.

Lebrun, tout en reconnaissant que l'institution contractuelle a quelques rapports avec la donation à cause de mort, pensait cependant qu'elle approche beaucoup plus de la donation entre vifs, et que, comme un acte qui participe de deux natures doit être réputé de celle dont il tient le plus, l'institution contractuelle est une donation entre vifs, *a nobiliori parte.* En effet, elle est irrévocable. L'instituant ne peut faire une nouvelle institution ; il renonce à la faculté de disposer à titre gratuit et universel de tout ou partie de ses biens. Il paraît même que dans les pays de droit écrit et sous l'empire de quelques coutumes (Touraine, art. 252 ; Loudunois, art. 4, chap. XXVI ; Maine, art. 262), l'instituant abdique la faculté d'aliéner, même à titre onéreux, les biens qu'il possédait au moment de l'institution. Dans ces provinces , l'institution contractuelle est surtout considérée comme une donation entre vifs.

Suivant le professeur Rousseau, l'institution contractuelle est une donation entre vifs ayant pour objet le titre et la qualité d'héritier, lorsque la succession de l'instituant sera ouverte.

Quelques auteurs la regardent comme un testament irrévocable, parce qu'elle fait un héritier.

Domat et Furgole considéraient toutes ces opinions comme également extrêmes. Le premier proposait une solution pour ainsi dire éclectique (titre des Successions, *Lois civiles*, préface). Il disait que l'institution contractuelle ayant sa nature mêlée de celle des testaments et de celle des conventions, on doit distinguer en chaque difficulté si c'est par les règles des conventions ou par celles des testaments qu'on doit la résoudre. Furgole, à son tour, n'était pas fort éloigné de cet avis, puisqu'il écrivait : « C'est une manière de disposer ou une convention que quelques auteurs ont appelée avec raison *amphibie*, qui constitue une classe à part et qui a ses règles particulières. »

Quant à nous, obligé de nous prononcer sur cette question, nous trancherons la difficulté, en disant avec Furgole que l'institution contractuelle n'est, à proprement parler, ni donation entre vifs, ni donation à cause de mort, ni testament, mais un contrat *sui generis*, complexe dans ses caractères, et, avec Domat, qu'il faut emprunter à la variété de ces caractères mêmes la solution des difficultés que le détail de l'application peut faire naître.

II. — Dans quels actes peut-on faire une institution contractuelle ?

En règle générale, l'institution contractuelle ne peut être faite que par contrat de mariage. Stérile et inefficace par elle-même, c'est du contrat de mariage qu'elle tire son existence et sa validité.

Nous avons déjà indiqué les événements à la suite desquels l'institution contractuelle fut reléguée dans le contrat de mariage. Mais pourquoi le contrat de mariage eut-il l'insigne privilége d'être susceptible de recevoir une institution d'héritier ?

C'est, tous les auteurs sont univoques sur ce point, parce que « l'institution d'héritier n'étant pas de notre droit coutumier, et l'institution contractuelle étant également contre le droit, on ne l'a admise que par la faveur des mariages. » Nous savons ce qu'il faut penser de cette raison. Nous n'y reviendrons pas.

Comme le fait observer Dumoulin (Coutume d'Auvergne, chap. XIV, art. 26), il ne suffit pas que l'institution soit faite en contemplation d'un mariage à célébrer, il faut encore qu'elle soit faite par le contrat de mariage, ou du moins dans un acte qui, quoique séparé de ce contrat, s'y rapporte, s'y incorpore et soit censé en faire partie. « *Nec sufficit quod fiat in favorem, sed quod in ipso contractu, ut sit pars pactorum dotalium.* » Que si elle n'a pas lieu *in continenti juxtà contractum matrimonii*, elle sera nulle suivant le droit commun. Voilà pourquoi un arrêt du Parlement de Toulouse décida que le père ayant substitué après coup à une donation en contrat de mariage à son fils, le premier enfant mâle, et de lui au second, les substitués étaient irrecevables à vendiquer, sous prétexte de la substitution, les biens aliénés par le donataire.

D'après notre droit coutumier, le contrat de mariage ne peut être passé qu'avant la foi baillée et la bénédiction nuptiale. D'après la jurisprudence des pays de droit écrit, les époux avaient, même après la consommation du mariage, la liberté de stipuler le règlement de leur association quant aux biens. « *Pacisci post nuptias, etiamsi nihil ante convenerit, licet.* » (Loi 1, ff. *De pactis dotalibus*). Entre ces deux usages, quel était le meilleur? Si l'on tient compte des caprices et des faiblesses du cœur humain, de l'intérêt des tiers et des nécessités du crédit, on ne peut que se décider en faveur du droit coutumier. Quoi qu'il en soit, dans les pays de coutume, on ne regardait comme valable que l'institution contractuelle faite avant le mariage. Et cela était rationnel. Indépendamment de ce que les conventions matrimoniales doivent précéder la célébration, pourquoi, lorsque le mariage a été conclu, permettre une dérogation au droit commun, qui n'est admise qu'en vue de faciliter et d'amener cette conclusion? « *Ubi matrimonium contractum est, nullas potest recipere pactiones quæ legibus prohibeantur.* » (Favre, *De erroribus pragmat.* Dec. 38, err. 6, n° 6).

Dans les pays de droit écrit, il semble qu'on ait dû être obligé de suivre, au contraire, les conséquences du principe suivant lequel le contrat de mariage pouvait être fait postérieurement à la bénédiction nuptiale, et que partant l'institution contractuelle ait dû être permise, même après le mariage. Cependant il n'en était rien. L'institution contractuelle faite après la célébration, même dans le contrat de mariage, n'était pas irrévocable. Les règles du droit coutumier avaient neutralisé l'influence naturelle des habitudes des pays de droit écrit. En aucun lieu, on ne pouvait instituer contractuellement après le mariage. « *Etiamsi*, dit Dumoulin, *tractatus iste diù præcedat matrimonium, secùs si sequatur.* » (D'Olive, arrêt du Parlement de Toulouse, du 16 juillet 1596. Fernand, Cambolas.)

Brodeau disait : «Entre toutes les conventions des hommes, il n'y en a point qui aient plus de poids, de solidité et de stabilité, ni plus d'autorité, et qui lient plus fortement la société civile que les contrats de mariage. » Aussi les contrats de mariage étaient-ils généralement rédigés devant notaire. Toutefois, certains statuts locaux, notamment la coutume de Normandie, permettaient de rédiger les contrats de mariage sous signatures privées. Il va sans dire que, sous l'empire de ces coutumes, l'institution contractuelle pouvait être faite de cette dernière manière.

A la règle générale suivant laquelle l'institution contractuelle ne peut être faite que par contrat de mariage, il y a plusieurs exceptions.

La principale est celle qui se réfère aux contrats d'association universelle. L'esprit d'association joua un très-grand rôle dans notre ancien droit. Outre les compagnies taisibles des colons et des serfs, il y eut de nombreuses sociétés formées par des hommes libres, notamment pour l'exploitation agricole. Aussi ne faut-il pas s'étonner de voir passer dans les habitudes nationales les sociétés *universorum bonorum*, dont il ne reste aujourd'hui que quelques vestiges presque entièrement ignorés. C'est dans ce genre de société que s'était introduite l'institution contractuelle. La coutume d'Auvergne en fait foi. «Tous pactes et convenances, dit le chapitre xv, tant de succéder qu'autres quelconques, soit mutuelles ou non, mises et apposées en contrat d'association universelle, faites et passées par personnes capables à contracter, non malades de maladies dont on espère la mort ou que la mort s'en suive de prochain, sont bonnes et valables et saisissent les contrahants, ladite association ou leurs descendants. »

Mais il est permis de douter que cette disposition fût de droit commun. D'ailleurs l'institution de l'associé survivant, faite dans une association universelle, différait, sous plusieurs rapports, de l'institution d'héritier par contrat de mariage. Elle était éteinte par la dissolution de la société et par la survenance d'enfants. En outre, comme le fait judicieusement remarquer Merlin, elle ne conférait pas, à proprement parler, un droit héréditaire à l'associé survivant : elle dispensait uniquement, par la remise des actions *pro socio et communi dividundo*, du partage des biens dont il était déjà propriétaire par indivis.

Une seconde exception au principe que l'institution contractuelle ne peut être faite que par contrat de mariage est rapportée par Benedicti (*Ad cap. Raynut. sect. duas habens filias*, n° 200); l'institution contractuelle est encore valable, lorsqu'elle est faite entre deux frères, hors contrat de mariage.

« Le même auteur, dit Furgole, rapporte plusieurs autres cas où cette convention est valable; mais je ne pense que hors des lieux où il y a coutume ou usage qui autorise l'institution contractuelle faite autrement qu'en faveur de mariage, on puisse la considérer comme valable et efficace. Coquille disait encore : « Je crois que hors contrat et faveur de mariage, telles convenances de succéder ne valent. »

Nous n'avons à nous occuper que de l'institution d'héritier par contrat de mariage. Les autres espèces d'institution contractuelle sont des excroissances parasites dont l'étude est aujourd'hui sans utilité.

III. — L'acceptation et l'insinuation sont-elles nécessaires ?

L'institution contractuelle n'était soumise ni à la nécessité ni à la forme de l'acceptation des donations entre vifs. La faveur des contrats de mariage demandait cette exemption, afin que les époux ou les enfants ne fussent pas, par suite d'un défaut de formalité, dépouillés d'une libéralité sans laquelle le mariage n'aurait pas vraisemblablement eu lieu. D'ailleurs, le fait seul de la célébration du mariage n'établit-il pas suffisamment que les époux ont accepté, tant pour eux que pour leurs descendants, les donations contenues dans le contrat de mariage? C'est pourquoi l'ordonnance de 1731 portait dans son article 13 : « Les institutions contractuelles et les dispositions à cause de mort, qui seraient faites dans un contrat de mariage, même par des collatéraux ou par des étrangers, ne pourront être attaquées par le défaut d'acceptation. »

Mais ni le texte des coutumes, ni l'ordonnance de 1731 n'assujettissaient à l'insinuation les institutions contractuelles. De ce silence naissait la question de savoir si l'institution contractuelle, pour être valable, devait être insinuée. Ricard soutenait l'affirmative ; le motif pris de ce que l'héritier *ab intestat* pourrait, dans l'ignorance de l'institution, accepter la succession de l'instituant et répondre aux attaques des créanciers, ou bien, en dissimulant l'institution, contracter avec des tiers sur des biens qui devraient tourner au profit d'autrui. Cependant cette opinion était combattue par un grand nombre d'autorités. De Laurière, Lebrun, Coquille, Furgole pensaient que l'insinuation était inutile, parce que cette formalité n'était requise par aucune loi et qu'il ne dépend pas des interprètes d'assujettir un acte à une solennité qu'aucune disposition ne lui a imposée.

IV. — Des effets de l'institution contractuelle par rapport à l'instituant.— De son irrévocabilité. — Qui peut faire une institution contractuelle ?

L'institution peut être universelle ou particulière, comprendre tous les biens du donateur ou seulement une certaine quotité.

Si l'institution est indéfinie, elle s'étend à tous les biens de l'instituant, même à ses propres. (Arrêt de Paris, du 30 août 1700, duc de Chevreuse.)

Le principal caractère de l'institution contractuelle par rapport à l'instituant, c'est d'être irrévocable. Convenance de succéder, elle constitue un contrat. Or, il est de la nature des contrats de ne pouvoir être rompus après leur perfection : *contractus ab initio voluntatis, ex post facto necessitatis.* D'ailleurs l'équité commandait que l'instituant fût dans l'impossibilité de se repentir et de discéder de sa libéralité. L'institution par contrat de mariage est la loi des deux familles qui s'allient. Les époux qu'elle gratifie comptent sur elle. Il serait très-dangereux d'autoriser l'instituant à changer les droits et la fortune de ceux qui se sont mariés sur les assurances qu'on leur a données dans un contrat solennel. (Arrêt du 3 août 1735. Plaidoyer de l'avocat général Chauvelin.)

Aussi toutes les coutumes consacraient-elles l'irrévocabilité des convenances de succéder. L'ordonnance de 1747 vint à son tour corroborer ce caractère par son article 12, titre I : «Voulons que lesdites institutions contractuelles soient irrévocables, dans tous les pays où elles sont en usage. »

Mais en quel sens l'institution contractuelle était-elle irrévocable? Quelles étaient, par rapport à l'instituant, les suites de cette irrévocabilité?

Sur cette question, dissidence entre les coutumes. Les unes attribuaient à l'institution contractuelle une irrévocabilité absolue. Les autres relâchaient ce lien en diverses mesures.

D'abord, pas de difficulté en un point. Toutes les coutumes étaient d'accord pour interdire à l'instituant, après le mariage des institués, la faculté de révoquer directement l'institution, et celle de se choisir un autre héritier par contrat ou par testament. «Celui qui a institué aucun son héritier en contrat de mariage et en faveur des mariés ou descendants dudit mariage, ne peut faire autre héritier par testament ou contrat subséquent, quel qu'il soit, au préjudice de l'héritier ou héritiers institués audit contrat. » (Art. 222, coutume du Bourbonnais.)

L'instituant pouvait-il, après le mariage, grever l'héritier institué d'une substitution en faveur de ses enfants ou parents collatéraux? De Laurière soutient l'affirmative; mais nous préférons, avec Lebrun et Ricard, l'opinion contraire. En effet, qu'est-ce qu'une substitution, sinon une charge, fort onéreuse pour l'institué, puisqu'elle l'empêche d'aliéner les biens sujets à restitution, de disposer en maître absolu des biens substitués? Qu'est-ce qu'une substitution, sinon une restriction, une modification de la libéralité résultant de l'institution ? Quand donc elle se produit *ex post facto*, quand elle est postérieure à l'institution, elle porte évidemment atteinte à l'irrévocabilité de celle-ci. Elle doit, dès lors, être déclarée nulle, alors même que l'héritier institué y aurait donné son consentement. (Ainsi jugé, le 31 août 1735, par arrêt en faveur du duc de Villars.)

C'est principalement eu égard aux dispositions particulières faites par l'instituant, postérieurement à l'institution contractuelle, que les coutumes étaient loin de présenter union et concordance. Nous exposerons les systèmes les plus importants.

Le système qui correspondait le mieux au but de l'institution contractuelle, qui combinait le plus heureusement les intérêts de l'instituant et ceux de l'institué, était ainsi défini par l'article 320 de la coutume de Bourbonnais, qui s'appliquait, comme on sait, dans le ressort de la coutume de Paris : « Institution d'héritier et pacte de succéder faits en contrat de mariage, s'entend seulement des biens qui se trouvent délaissés par le décès du disposant, et n'empêche ladite institution ou convention de succéder que ledit instituant ne puisse aliéner ses biens par contrat entre vifs. » L'institution contractuelle n'est autre chose que la désignation incommutable d'un héritier. C'est un testament irrévocable. L'instituant veut assurer sa succession à l'institué. Celui-ci, pourvu qu'il conserve dans son intégrité le droit abstrait de succession, n'a pas à se plaindre. Il aura les biens que l'instituant laissera à son décès ; car, suivant les expressions de Lebrun, c'est ce moment qui fixe l'état de la succession, de même que l'arrivée du vaisseau qui était allé en voyage fixe le profit du négoce. L'irrévocabilité de l'institution doit avoir trait au titre d'héritier et non à l'émolument que ce titre procure, émolument éventuel et variable. L'instituant peut modifier, diminuer ou augmenter sa fortune; par le bienfait de l'institution, il ne s'est pas lié les mains au point de s'être interdit pour l'avenir la disposition des biens composant son patrimoine. Sans cela, qui voudrait faire une institution contractuelle ? Qui se résignerait, en contemplation d'un mariage désiré, à soustraire sa fortune à toute circulation, en la condamnant à une immobilité complète ?

C'est pourquoi plusieurs coutumes, à l'exemple de celle de Bourbonnais, permettaient à l'instituant d'administrer comme un bon père de famille, de contracter de bonne foi, de vendre, d'hypothéquer, de créer des dettes, de faire quelques libéralités entre vifs ou quelques legs à titre particulier, pourvu que ce fût sans fraude : « *Sed non impeditur quædam particularia legare, manente institutione in suâ quotâ,* » disait Dumoulin sur l'article 222 de la coutume de Bourbonnais; et, dans sa note sur l'article 12 du chapitre XXIX de la coutume de Nivernais, il exprimait le même sentiment en ces termes : « *Si donatio est universalis, vel quotæ successionis, non impedit quin titulo particulari donator disponere possit inter vivos vel in testamento aliàs quam per institutionem.* »

Comme nous l'avons fait observer, les dispositions à titre onéreux ou à titre gratuit, pour être maintenues, devraient être exemptes de fraude. Mais comment savoir si celui qui, après avoir fait une institution contractuelle, aliène une partie de ses biens, agit en fraude des droits de l'institué? « Combien, dit Lebrun, y a-t-il de secrètes nécessités qui obligent à vendre et à emprunter, de justes reconnaissances qui obligent à donner! » Cette question devait être abandonnée à l'appréciation des magistrats. La fraude peut être annoncée, tantôt par l'exagération de la libéralité, tantôt par les circonstances où la libéralité se produit. Ainsi, il fut jugé dans la cause du duc d'Epernon contre Mme de Montpensier (arrêt du 25 mars 1599), que si un père, après avoir institué son aîné, faisait en faveur des puînés une donation au delà de leur part afférente, cette disposition était faite en fraude de l'institution, comme diminuant ostensiblement la part promise à l'aîné institué. Mais l'instituant aurait la liberté, nonobstant l'institution contractuelle, de rappeler ses enfants à sa propre succession.

L'irrévocabilité de l'institution contractuelle produisait des effets naturellement plus rigoureux, lorsque l'institution était accompagnée de la réserve de pouvoir disposer jusqu'à concurrence d'une certaine valeur. Alors l'instituant pouvait bien aliéner sans fraude, à titre onéreux ; mais il était obligé, quant aux libéralités entre vifs ou testamentaires, de respecter les bornes qu'il s'était imposées à lui-même par sa réserve.

Nous le répétons : toutes ces règles étaient commodes et logiques à la fois. Elles dérivaient de la nature même de l'institution contractuelle qui est un don irrévocable de succession, c'est-à-dire la donation non pas des biens présents, mais des biens qu'on laissera au jour de son décès.

Néanmoins ces règles n'étaient pas universellement admises. Dans certains pays, la liberté de disposition que l'institution contractuelle laissait au donateur était considérablement restreinte. Ainsi la coutume d'Anjou (art. 245) défendait à l'instituant de rien aliéner de ce qui aurait appartenu à l'héritier institué, si la mort eût frappé l'instituant au moment de l'institution, à moins qu'il ne s'agît d'un cas extrêmement grave, comme le rachat de la liberté ou de la vie.

Guy Coquille, sur l'article 12 de la coutume de Nivernais, disait : « Si le père qui marie son enfant l'institue en faveur du mariage son héritier, il bride sa volonté seulement pour les biens qu'il a alors, pour n'en pouvoir disposer par dernière volonté au préjudice de cette convenance de succéder. Mais quant aux biens qu'il acquiert par après, je crois que sa volonté est libre. »

C'est surtout dans les pays de droit écrit que les droits de l'institué étaient protégés, ou plutôt que ceux de l'instituant étaient annihilés. Peu jaloux de respirer en dehors de l'atmosphère du droit romain, les jurisconsultes du Midi tâchaient d'y rentrer, toutes les fois que les coutumes locales les forçaient de s'en écarter. L'institution contractuelle avait franchi la rive gauche de la Loire ; mais elle n'avait pu vaincre entièrement dans le Midi l'influence des principes romains en matière de pactes sur les successions futures. Elle avait réussi à se faire accepter ; mais on l'avait envisagée non pas sous son véritable aspect, c'est-à-dire comme don de succession, mais comme une donation entre vifs des biens présents et à venir. De ce point de vue découla la conséquence suivante : l'instituant ne peut ni aliéner ses biens, ni les hypothéquer, ni les donner à titre gratuit. Après sa mort, l'institué a le droit de demander l'annulation de toute disposition faite au préjudice de l'institution contractuelle. Conséquence éminemment fausse, non contenue dans le principe erroné de l'assimilation de l'institution contractuelle à la donation entre vifs. Car le donataire de biens présents et à venir est, sans contredit, obligé de respecter les aliénations consenties par le donateur, lorsqu'il ne divise pas la libéralité pour s'en tenir aux biens existants lors de la donation, c'est-à-dire lorsque, comme l'héritier institué, il prend la libéralité au temps de la mort du donateur et le représente tel qu'il était à cette époque.

Aussi cette jurisprudence était-elle combattue même par les auteurs des pays de droit écrit. Furgole, sur l'ordonnance de 1731 (art. 13), essayait d'en montrer les conséquences et les contradictions. « La décision des auteurs du Parlement de Toulouse en cette matière n'est pas juridique indistinctement et dans tous les cas, parce que l'institué est vrai héritier, qu'il représente le défunt en l'état où il était au moment de sa mort, et qu'il est tenu et garant de ses faits et promesses. » Suivant la remarque de Merlin, cette raison est sans réplique ; et il n'y a qu'un moyen d'éviter les anomalies du droit écrit, c'est de dire avec le droit coutumier que, l'institué représentant l'instituant au moment de sa mort, il est impossible qu'il révoque les dispositions non frauduleuses de ce dernier, parce qu'il a contre lui la règle : « *Quem de evictione tenet actio, eumdem agentem repellit exceptio.* »

Néanmoins, plusieurs juristes et arrêtistes, tels que Duranti, Cambolas, Maynard, reconnaissaient certains cas exceptionnels où les aliénations devaient être permises à l'instituant : 1° pour doter les filles ou payer les légitimes aux autres enfants; 2° pour payer la valeur du dommage causé par l'instituant; 3° pour empêcher que l'instituant ne soit puni pour crime; 4° pour tirer l'instituant de prison; 5° lorsque l'instituant se comporte en bon père de famille et pour l'augmentation et la conservation de ses biens et de ceux de ses enfants, en achetant, vendant ou échangeant sans fraude tant les meubles que les immeubles; 6° pour l'entretien de l'instituant et de sa famille; 7° pour le payement des dettes de l'instituant antérieures au contrat de mariage; 8° l'instituant pouvait bailler des biens en emphytéose, etc. On peut remarquer l'élasticité de la cinquième exception et le moyen facile qu'elle offrait pour éluder la prohibition générale.

Il semble que cette prohibition, fort gênante par elle-même, devait rendre assez rares les institutions contractuelles dans le Midi, d'autant plus qu'en cette partie de la France l'esprit féodal avait laissé des traces moins profondes, et que les principes du droit écrit y étaient peu favorables aux convenances de succéder. Cependant il n'en était pas ainsi; et l'on peut dire que, vers la fin du dernier siècle, il n'y avait presque pas de paysan dans le Midi qui, en établissant ses enfants, ne fît une institution contractuelle. On admettait quelques exceptions à la règle de l'irrévocabilité de l'institution contractuelle dont nous venons de parcourir les principales conséquences.

Ainsi, l'institution contractuelle devenait caduque par l'inexécution des conditions sous lesquelles elle avait été faite. C'est sur ce fondement qu'un arrêt du 2 août 1676 déclara qu'une institution émanée d'un père et d'une mère en faveur de leur fille unique, *au cas qu'il n'y eût plus d'autres enfants descendants d'eux,* était résolue eu égard au père par la naissance des enfants qu'il avait eus d'un nouveau mariage.

L'ingratitude de l'institué donnait-elle lieu à la révocation de l'institution contractuelle ? Les auteurs étaient divisés sur la solution de cette question. Les uns, ne tenant compte que du droit commun et de la gravité de l'ingratitude, soumettaient les institutions contractuelles aux mêmes principes que les libéralités ordinaires. Les autres, s'attachant au caractère pénal de la révocation, prétendaient qu'elle ne saurait être admise sans injustice, comme frappant des innocents, d'autant que l'institution est faite non-seulement en faveur de l'époux directement gratifié, mais encore en vue de son conjoint et des enfants à naître du mariage.

Une troisième opinion conciliait ingénieusement ces raisons opposées. C'était celle de Laurière qui, respectant le caractère purement personnel de la révocation, soutenait que l'institué perdait par son ingratitude le bénéfice de l'institution, mais que ses enfants ne devaient pas souffrir des suites de sa faute. Substitués vulgairement, ceux-ci étaient appelés de leur propre chef à la succession de l'instituant.

La disposition de la loi *Si unquam*, C. *De revoc. donat.*, s'applique-t-elle aux institutions d'héritier par contrat de mariage ? On faisait à cet égard une distinction entre l'institution émanée des pères et des mères au profit de leurs enfants et celle faite par un étranger. Dans le premier cas, l'institution n'était pas révoquée par la survenance d'autres enfants, sauf la légitime de ceux-ci. En effet, celui qui institue son descendant ne peut pas dire : *Non est cogitatum de liberis*. Il en serait de même, et à plus forte raison, d'une institution contractuelle faite de conjoint à conjoint. Dans le second cas, l'institution était révoquée par la survenance d'enfants, d'après le droit commun coutumier. Cependant, quelques coutumes, notamment celle de Bourbonnais (art. 225) et celle d'Auvergne (ch. XIV, art. 33), exceptaient de la loi *Si unquam* l'institution contractuelle faite par un étranger : disposition anormale qui ne peut s'expliquer que par la faveur extrême dont jouissait l'institution contractuelle sous l'empire de ces coutumes.

L'ordonnance de Louis XV établit sur ce point une règle précise. Par son article 39, elle voulut que la révocation de plein droit par la naissance d'un enfant du donateur s'étendît à toute sorte de donations entre vifs, même à celles qui seraient faites en faveur de mariage par autres que par les conjoints ou les as cendants.

Quelle était la capacité requise pour instituer contractuellement?

Pour faire une institution contractuelle, il faut naturellement avoir la libre disposition de ses biens.

Peu importe, au surplus, qu'on soit étranger aux futurs époux ou qu'on leur soit uni par les liens de la parenté.

Boucheul et Coquille regardaient comme bonne et efficace la convention de succéder faite en contrat de mariage par un époux en faveur de l'autre, non-seulement lorsque les époux se promettent réciproquement leur succession en cas de survie, mais encore lorsqu'une semblable promesse n'est faite qu'au profit d'un seul des conjoints. Quoique cette doctrine ne reçût pas l'approbation de Dumoulin, il est vrai de dire qu'elle était consacrée par un usage général, et que partout on permettait aux époux d'instituer contractuellement.

Un futur époux peut, par son contrat de mariage, instituer contractuellement ses enfants à naître.

Comme l'institution contractuelle est une convention amphibie, un contrat mixte, tenant de la donation entre vifs et de la donation à cause de mort, la question de capacité n'est pas sans difficulté à l'égard des personnes qui sont capables de tester, sans être capables de donner entre vifs.

Ainsi, le plus grand nombre des coutumes avaient établi une différence quant à l'âge requis pour disposer entre vifs et celui qui était fixé pour tester. On pouvait faire un testament avant de pouvoir faire une donation ; car le testament, n'étant pas accompagné de dépouillement actuel et irrévocable, ne produit pas des effets aussi importants que la donation. Fallait-il, pour instituer contractuellement, avoir la capacité nécessaire pour le testament ou celle requise pour la donation entre vifs ? Il semble que la première fût suffisante. Néanmoins, on décidait, et avec raison, que l'une et l'autre étaient indispensables. S'il est vrai que, suivant le système de quelques coutumes, l'instituant ne se dépouille de rien de son vivant, conserve l'administration et la disposition de ses biens, et n'assure à l'institué que le titre d'héritier, il est également vrai que l'institution contient une aliénation fort grave, l'aliénation de la faculté de se choisir un héritier. Dès lors, il est rationnel d'exiger de la part de l'instituant la capacité nécessaire à celui qui veut faire une disposition entre vifs.

Nous avons déjà dit pourquoi, dans notre ancien droit coutumier, les institutions d'héritier par contrat n'étaient permises qu'aux nobles. Ce privilége fut maintenu dans quelques coutumes rédigées. En effet, celle du Maine et celle d'Anjou déclaraient que les nobles seuls étaient habiles à faire des institutions contractuelles et à en profiter. On peut voir dans le même sens un arrêt du Parlement de Bordeaux rendu en 1592 et rapporté dans Automne, sur la loi 15 C. *De pactis*. Mais cette distinction s'effaça peu à peu. L'ordonnance de 1747 (tit. I, art. 12) consacra un état de choses déjà ancien, en mettant sur la même ligne les nobles et les roturiers : « Voulons que lesdites institutions contractuelles, soit entre nobles ou entre roturiers, soient irrévocables dans tous les pays où elles sont en usage. » Toutefois, il ne faut pas conclure de cette égalité dans le droit à l'égalité dans la pratique. En fait, du moins dans les pays coutumiers, l'institution contractuelle fut et resta toujours l'apanage presque exclusif des maisons illustres de la noblesse.

V. — En faveur de qui peut être faite l'institution contractuelle ?

En règle générale, l'institution contractuelle ne peut s'adresser qu'aux futurs époux ou aux enfants à naître de leur mariage : aux futurs époux, puisque le but que se propose l'instituant, c'est de faciliter leur union par une libéralité qui leur assure la perspective de quelques biens ; aux enfants à naître, car l'institution est faite non-seulement en vue du mariage, mais encore en vue de la famille qui en doit provenir.

Au surplus, l'institution peut être bornée au mari ou à la femme, ou bien embrasser les deux époux à la fois. De même, elle peut être restreinte à un des enfants à naître ou les comprendre tous ensemble.

Et cela, quoiqu'ils ne soient pas *in rerum naturâ*, et que par cette raison il y ait défaut d'acceptation de leur part ; car, suivant les expressions de Coquille, « l'espérance de leur naissance est naturelle et consonante à honneste souhait, qui fait qu'elle est considérable et chet en commerce et toute disposition. »

Ces principes sont formellement consacrés par un grand nombre de coutumes, notamment par celle de Bourbonnais (art. 219), par celle de Nivernais (art. 12 du titre *des Donations*), et par celle d'Auvergne (ch. xiv, art. 26).

De ce que l'institution contractuelle ne peut comprendre que les futurs époux et leurs descendants, il résulte que l'institution du fils faite par le contrat de mariage de sa sœur ne serait pas valable.

Guy Coquille se demandait, sur l'article 12 de la coutume de Nivernais, ce que devrait valoir la convenance de succéder faite au contrat de mariage, non-seulement au profit des mariés ou de leurs enfants à naître, mais encore au profit d'autres personnes ; et il répondait en ces termes : « Il est certain qu'à l'égard des autres qui ne contractent mariage, c'est une simple donation pour cause de mort, qui de sa nature est révocable, et ne peut valoir sinon comme legs testamentaire. » Mais cette décision est contraire au droit qui régit les actes de dernière volonté. Une donation à cause de mort est un contrat. Or, suivant de Laurière, il est impossible qu'une institution d'héritier qui émane du testateur seul puisse être regardée comme un contrat. D'un autre côté, comme le fait observer Merlin, pour considérer comme legs l'institution contractuelle faite au profit d'autres personnes que les mariés ou leurs descendants, il faudrait que les testaments où se trouvent des mélanges d'actes étrangers fussent valables, ce qui n'est pas admis en droit coutumier.

On avait cependant trouvé le moyen de faire une institution contractuelle au profit d'autres personnes que les mariés ou leurs enfants à naître : c'était la clause d'association.

Cette clause consistait en ce que l'instituant chargeait l'institué de s'associer un tiers, ordinairement ses frères et sœurs, pour une certaine quotité. L'association était, suivant les uns, une condition de l'institution ; suivant les autres, une substitution fidéicommissaire. Le tiers associé, quoiqu'il ne se mariât pas et fût par conséquent incapable d'être institué directement, recevait indirectement sa part du bénéfice de l'institution : il venait la demander dans la succession de l'instituant recueillie par l'institué. Mais, ce qui établissait une certaine dissemblance entre l'institution contractuelle proprement dite et la clause d'association, c'est que cette dernière pouvait, — suivant le témoignage de Furgole et de Lebrun, et parce que la faveur du contrat de mariage qui rend l'institution contractuelle irrévocable ne profite qu'aux conjoints et à leurs descendants, — être révoquée par l'instituant, du moins antérieurement à l'ordonnance de 1747 sur les substitutions, qui rendit irrévocable toute substitution apposée à une institution contractuelle.

Les substitutions contractuelles qui accompagnaient souvent les institutions contractuelles fournissaient un second moyen de faire participer au don irrévocable de la succession de l'instituant des personnes autres que les mariés ou leurs descendants. En effet, les substitutions contractuelles pouvaient être faites en faveur, soit des mariés et de leurs enfants à naître, soit des collatéraux et des étrangers. Quand l'instituant substitue un époux à l'autre, ou bien un ou plusieurs descendants au conjoint institué, la substitution contractuelle forme une seconde institution irrévocable comme la première à laquelle elle est attachée. Que si le donateur, après avoir institué un futur époux, lui substitue un étranger, cette substitution forme une charge de l'institution et est valable comme telle ; car la substitution puise sa force dans la volonté du substituant, et l'ordonnance d'Orléans (art. 59), ainsi que celle de Moulins (art. 57), autorisent les substitutions contractuelles en général, sans distinguer si les substitués sont descendants ou étrangers eu égard à l'institué. Mais il faut répéter ici ce que nous avons déjà dit à propos de la clause d'association : c'est que la substitution contractuelle, faite au profit d'autres personnes que les futurs époux ou leurs enfants à naître, était révocable de la part de l'instituant, du moins antérieurement à l'ordonnance de 1747. N'étant pas motivée par la contemplation de l'union des futurs époux, elle ne peut pas être couverte, comme l'institution, de la faveur du contrat de mariage.

La substitution contractuelle était d'un usage très-fréquent dans notre ancien droit. On l'admettait même dans les coutumes qui réprouvaient les substitutions testamentaires, c'est-à-dire dans les pays par excellence de l'institution contractuelle, dans le Bourbonnais, la Marche et l'Auvergne. Elle corroborait l'effet de l'institution et contribuait puissamment à la prospérité des familles. En effet, l'institué était obligé de conserver jusqu'à sa mort les biens faisant partie de l'institution et de les rendre, à cette époque, à la personne substituée, c'est-à-dire habituellement à ses enfants, et, parmi ceux-ci, exclusivement à l'aîné. Qui n'aperçoit combien, à l'aide d'un tel moyen, les anciennes maisons nobiliaires pouvaient rehausser leur éclat par l'immensité de leurs possessions territoriales !

Qu'arrivera-t-il si l'institué meurt avant l'instituant? que deviendra l'institution? passera-t-elle à tous les enfants de l'époux institué ou à ses héritiers, quels qu'ils soient?

Au premier abord, il semble que l'institué doive transmettre dans sa succession le droit résultant de l'institution, et que, par voie de suite, cette transmission profite à tous ses héritiers indistinctement, descendants, collatéraux ou étrangers. Il en serait ainsi si l'institution contractuelle était une donation entre vifs pure et simple, le donataire institué étant saisi par son acceptation du droit de succéder au donateur instituant. Mais nous savons que l'institution contractuelle n'était considérée comme donation entre vifs que quant à son irrévocabilité seulement. C'est pourquoi on avait universellement admis que l'héritier institué par contrat de mariage, décédant avant l'instituant, transférait son droit à ses propres enfants et non à toute sorte d'héritiers. L'instituant, en jetant les fondements de l'établissement de l'institué, a bien voulu pourvoir à la prospérité de la famille directe de celui-ci, mais non à celle de ses collatéraux ou des étrangers. Quand donc l'institué meurt avant l'instituant, et sans laisser des enfants, l'institution contractuelle est caduque. Au contraire, quand l'institué prédécédé laisse des enfants, l'institution contractuelle profite à ces derniers (coutume de la Marche, art. 194). Mais remarquons bien que, pour empêcher la caducité, il faut que l'institué laisse des enfants non pas d'un lit quelconque, mais nés du mariage en faveur duquel l'institution a été faite.

Sur quel fondement les enfants de l'institué prédécédé sont-ils appelés à la succession de l'instituant? Ce n'est pas parce que le droit de l'institué leur a été transmis, puisque l'institué, étant mort avant l'instituant, n'a pas pu succéder à ce dernier. Voici l'opinion de Lebrun sur cette question; nous l'adoptons sans réserve : « Les enfants de l'héritier contractuel prédécédé sont appelés sur le fondement de la volonté présumée de l'instituant, lequel est réputé avoir voulu pourvoir aux intérêts des enfants à naître, aussi bien qu'à ceux des futurs époux. » Ricard exprime le même sentiment en ces termes : « Il est à présumer qu'on a aussi bien considéré le fruit qui devait provenir du mariage que les personnes qui contractent. Et même les enfants sont la seule cause de la faveur, le mariage n'étant privilégié qu'autant qu'il est considéré comme l'unique moyen de perpétuer les républiques et de fortifier les Etats, ce qui ne s'accomplit que par la production des enfants. » L'institution faite purement et simplement à l'un des conjoints ou aux deux conjoints à la fois est censée renfermer une substitution vulgaire tacite en faveur des enfants à naître. Ceux-ci auraient pu être substitués expressément. La loi suppose qu'ils l'ont été. Aussi viennent-ils *jure suo* à la succession de l'instituant. Ils peuvent se prévaloir de l'institution contractuelle alors même qu'ils renoncent à la succession de l'époux institué. Ils sont censés tenir les biens donnés non de cet époux, mais directement de la main de l'instituant.

De là il résulte que si l'héritier institué contractuellement a nommé un de ses fils son légataire universel, celui-ci ne profite pas seul de l'institution ; tous les enfants ensemble doivent en profiter, le testateur n'ayant pas pu comprendre dans sa disposition testamentaire ce qu'il n'aurait pu transmettre *ab intestat* à des héritiers collatéraux.

La substitution vulgaire des enfants à naître du mariage étant fondée sur l'interprétation de la volonté de l'instituant, il est évident que les enfants issus du mariage de l'institué n'ont aucun droit à la succession de l'instituant après le prédécès de l'institué, si l'institution contractuelle a été formellement restreinte à la personne des futurs époux.

La substitution vulgaire ne doit pas être confondue avec la substitution fidéicommissaire des enfants à naître. La première est caduque, lorsque l'époux institué survit à l'instituant, tandis que la seconde ne peut recevoir son effet que si l'instituant meurt avant l'époux institué.

VI. — Des effets de l'institution contractuelle par rapport à l'institué.

L'institué est un véritable héritier. De même que l'héritier du sang est saisi de plein droit des biens de son auteur, en vertu de la règle : *le mort saisit le vif*, de même l'institué contractuel est saisi de plein droit des biens compris dans l'institution, c'est-à-dire, soit de l'universalité, soit d'une quotité seulement des biens que l'instituant laisse à son décès.

Mais cette saisine n'est pas irrévocable. L'institué peut la faire disparaître en renonçant à la succession échue de l'instituant (coutume d'Auvergne, art. 14, tit. XXXIV). L'acceptation que l'institué a donnée, ou que la loi suppose qu'il a donnée dans le contrat de mariage, porte sur la faculté d'être héritier, et non sur la succession, puisqu'on ne peut pas accepter une succession qui n'est pas encore ouverte. Ayant accepté la faculté de délibérer sur l'acceptation, l'institué peut évidemment renoncer.

Lebrun fait cependant remarquer que l'héritier institué serait saisi irrévocablement de la succession de l'instituant dans un cas particulier. » Si quelqu'un, dit cet auteur, a fait son héritier contractuel de la personne de celui qui était *ab intestat* son unique héritier, et cela sous quelque condition particulière, je n'estime pas qu'il soit permis à l'héritier institué de déclarer qu'il accepte la succession, non en vertu de l'institution, mais par droit du sang et *ab intestat*, parce qu'il y aurait du dol dans la conduite de cet héritier d'avoir lié les mains au donateur par l'acceptation de son institution contractuelle qui l'empêchait de disposer par testament, et, en conservant cet effet de l'institution, de s'aviser après cela de renoncer à l'institution même, et de vouloir venir *ab intestat*, afin de se dispenser de la condition. »

Au demeurant, l'héritier institué peut accepter purement et simplement, ou sous bénéfice d'inventaire. Dans l'un et l'autre cas, il est tenu des dettes.

Mais il y avait une grande controverse sur le point de savoir si, à défaut d'inventaire, il est tenu des dettes *ultra vires*, ou seulement *pro modo emolumenti*. Duperrier et Duplessis adoptaient la seconde opinion, parce qu'ils considéraient l'héritier contractuel comme un donataire ou un légataire universel, la loi ayant seule la puissance de déclarer un héritier. On répondait à cet argument : que l'héritier institué est, non pas un donataire ou un légataire universel, mais un véritable héritier représentant l'instituant de la même manière que celui qui puise son droit dans la loi ; que cette représentation existe tant au point de vue de l'actif qu'à celui du passif ; qu'il est de principe que l'héritier paye toutes les dettes de la succession qu'il n'a pas répudiée. Ce dernier système comptait un grand nombre de partisans. Il était d'ailleurs formellement consacré par quelques coutumes, implicitement reconnu par d'autres. Ainsi, la coutume d'Auvergne disait dans son article 34, tit. XIV : « L'héritier institué par contrat de mariage est tenu de toutes charges héréditaires du défunt, tant *activè* que *passivè*, comme seraient héritiers *ab intestat*. » Même disposition dans la coutume de Bourbonnais (art. 223). D'un autre côté, la coutume de Nivernais (art. 29 du chapitre XXXIV) et celle de la Marche (art. 249) autorisaient l'héritier institué par contrat de mariage à accepter sous bénéfice d'inventaire. Cette permission ne pouvait avoir sa raison d'être que dans l'obligation indéfinie aux dettes qu'entraînait l'absence d'inventaire.

Si les biens qui ne sont pas compris dans l'institution contractuelle sont insuffisants pour parfaire la légitime des descendants de l'instituant, ceux-ci peuvent s'adresser à l'héritier institué pour se faire remplir de l'intégralité de leurs droits (coutumes d'Auvergne, tit. XXIV, art. 16 ; de Bourbonnais, art. 219 ; de la Marche, art. 296).

Quant aux réserves coutumières, l'institution contractuelle y était soumise évidemment dans le ressort des coutumes qui assujettissaient aux mêmes réserves les dispositions entre vifs et à cause de mort. Dans les coutumes, au contraire, qui établissaient une différence à cet égard entre les donations entre vifs et les dispositions testamentaires, l'institution contractuelle n'était pas réductible à la quotité qu'il était permis d'aliéner à cause de mort ; par exemple au quint des propres : elle pouvait embrasser tous les biens dont il était permis de disposer entre vifs.

VII. — De quelques dispositions analogues à l'institution contractuelle.

Avant de terminer l'exposé de l'institution contractuelle d'après l'ancien droit, nous devons dire quelques mots sur certaines clauses fort usitées autrefois et ressemblant à l'institution d'héritier par contrat de mariage.

Un père promet dans le contrat de mariage de son fils de lui laisser dans sa succession une part égale à celle de ses autres enfants. Cette clause, connue sous le nom de promesse d'égalité, est équipollente à une institution contractuelle. Le père pourra bien avantager le fils à qui il a promis l'égalité au détriment de ses frères et sœurs; mais il ne pourra rien donner à ces derniers au préjudice du fils; car celui-ci a été institué contractuellement dans sa portion héréditaire *ab intestat*.

Quelquefois la promesse d'égalité s'adresse non pas personnellement au futur époux, mais indistinctement envers tous les enfants. Par exemple, comme cela avait fréquemment lieu dans les pays de droit écrit, le père ou la mère déclarent dans le contrat de mariage de l'un des enfants qu'ils conserveront à chaque enfant une portion égale. Dans ce cas, le père ou la mère se trouvent liés vis-à-vis de tous les enfants. Il leur est interdit d'avantager l'un plus que l'autre, directement ou indirectement. Par leur promesse, ils ont établi une loi de famille inviolable, non-seulement à l'égard de l'enfant marié, mais encore à l'égard de ses frères et sœurs. Ils peuvent disposer de leurs biens selon leur libre volonté; mais ils ne peuvent porter atteinte à l'égalité qu'ils ont assurée.

La promesse d'égalité faite par un père à un de ses enfants puînés n'entraîne pas, sauf déclaration expresse de volonté contraire, une dérogation au droit d'aînesse, soit que la promesse ait été faite de la part héréditaire, soit qu'elle ait été faite d'une part égale à celle des autres enfants. On suppose que le père n'a pas promis une égalité absolue, mais l'égalité déterminée par le règlement des successions *ab intestat*, d'après la coutume.

Les déclarations ou reconnaissances d'aînés et héritiers principaux sont encore des espèces d'institutions contractuelles. Elles obligent les parents à conserver aux enfants, au profit de qui elles interviennent, les portions de succession qui leur doivent revenir. Le père qui marie son fils aîné en qualité d'aîné et principal héritier ne peut point diminuer la part héréditaire que le fils aîné peut prétendre en vertu de sa prérogative de primogéniture, par des avantages postérieurs au profit d'autres enfants, ni par des libéralités quelconques au profit d'autres personnes. Mais il lui est loisible de disposer de ses biens à titre onéreux et sans fraude [1]. Dans certains cas, la fraude serait présumée : par exemple, si le père changeait ses biens de nature, vendait ses biens nobles pour en acheter des roturiers, les échangeait contre des fiefs situés dans des pays où la coutume ne donnerait à l'aîné qu'un moindre préciput. Cependant on avait admis que, si la déclaration d'aîné était faite en pays où la coutume donnait tous les meubles à l'aîné, le changement de domicile en coutume contraire de la part du père ne pouvait pas nuire à la déclaration.

VII. — Du rôle de l'institution contractuelle dans l'ancien droit.

L'institution contractuelle est par elle-même éminemment propre à favoriser les unions conjugales. Elle concilie d'une manière heureuse l'intérêt du donateur et celui du donataire, en laissant au premier l'administration et la jouissance des biens donnés, même le droit d'en disposer dans une certaine mesure, et en assurant au second un droit irrévocable de succession. Cet avantage supérieur est bien de nature à déterminer une dérogation au droit commun, et à faire oublier que les convenances de succéder « induisent à pourchasser, tout au moins à souhaiter la mort l'un de l'autre. » (Coquille.)

Mais est-ce à ce titre, c'est-à-dire comme encouragement puissant au mariage, que l'institution contractuelle fut reçue dans l'usage de toute la France?

Quelques auteurs le prétendent. Mais ce serait tomber dans une méprise évidente que de partager leur opinion. La faveur due au mariage en lui-même n'est qu'un motif très-secondaire, pour ne pas dire faux. Le véritable fondement sur lequel l'institution contractuelle fut admise et devint une coutume générale des pays de droit écrit et des pays coutumiers, fut le soutien et l'agrandissement de la noblesse : « *Et dicitur hanc consuetudinem*

---

[1] Excepté sous les coutumes d'Anjou (art. 245), du Maine (art. 262 et suiv.), de Loudunois (tit. XXVI, art. 4 et 5), de Tours (art. 252) et de Normandie (art. 244), qui ne permettent ni l'aliénation ni l'hypothèque, au préjudice du fils marié en qualité d'aîné et principal héritier, des biens que le père possédait au jour du mariage de son fils aîné (Dumoulin, note sur l'article 245 de la coutume d'Anjou).

habere aliquod motivum æquitatis, scilicet propter favorem et honorem matrimonii, quia sub tali conditione nobiles inveniunt nobiliores per quos nobilitas crescit. » (Boërius, Benedictus, etc.) Sans doute, l'institution contractuelle ne fut pas un privilége exclusivement réservé à la classe noble. Elle fut permise aux roturiers (Questions et réponses sur les articles des coutumes, 143, Coquille). Mais les roturiers n'y gagnaient presque rien, d'autant plus que leurs mariages, du moins dans le Nord, étaient rarement accompagnés d'institution d'héritier. Les conventions matrimoniales de la classe noble, telle fut la place ordinaire de l'institution contractuelle. Aussi, pour bien juger du rôle politique de l'institution contractuelle dans notre ancien droit, pour apprécier sainement l'influence qu'elle a exercée sur l'agnation seigneuriale, faut-il la rapprocher des autres usages dérivés du droit féodal et concourant à augmenter l'éclat et la grandeur des maisons illustres ; tels sont : le droit d'aînesse, la faculté qu'avaient les pères et mères en mariant leurs filles de stipuler la renonciation à leurs successions pour faire passer leurs biens entre les mains des mâles, surtout les substitutions, les fidéicommis, etc. L'institution contractuelle s'unit à ces divers usages par la communauté du but ; elle est un rouage du système aristocratique. Or, au point de vue de la raison politique, devons-nous approuver la pratique de l'institution contractuelle, telle qu'elle fut en vigueur jusqu'à notre révolution ?

Nous ne nous répandrons pas ici, comme on l'a fait trop souvent, en vagues déclamations contre les institutions abusives de l'ancien régime. Il faut examiner les choses qui sont du domaine de l'histoire, non pas à travers le prisme trompeur du préjugé ou de l'esprit de parti, mais avec la froide et impartiale raison du juge qui cherche avant tout à démêler le vrai.

Presque tous les commentateurs de notre ancien droit[1] étaient

---

[1] Leprêtre (centurie II, chap. XCXIV) : « En France, nous avons restreint la liberté de tester, autant qu'il nous a été possible, pour conserver le bien aux familles, et, par ce moyen, maintenir la force et la grandeur de l'État. »

Ferrières (Commentaire sur la coutume de Paris) : « Les Français ayant reconnu que la conservation du royaume dépendait principalement de la grandeur et de la puissance de la noblesse, pour être toujours prête à prendre les armes pour la défense de l'État, ont restreint la faculté de tester, à l'effet de conserver les biens dans les familles. »

Montesquieu (*Esprit des lois*, liv. V, chap. IX) : « Les substitutions qui unanimes pour déclarer que la conservation des biens dans les familles, en ajoutant à la splendeur de la noblesse, était un gage précieux de prospérité et de grandeur pour l'Etat. Accumulation de la fortune sur la tête des représentants des grandes maisons, éclat de la noblesse, force de l'Etat, trois termes, croyait-on, intimement unis comme les diverses parties d'une chaîne et également nécessaires. Nous disons au contraire : trois termes indépendants l'un de l'autre et diversement indispensables. Voici comment, l'histoire en main, nous justifions notre opposition.

L'utilité de l'institution contractuelle assurant l'avenir des mâles à l'exclusion des filles, des aînés à l'exclusion des cadets, pouvait se concevoir jusqu'à un certain point sous l'influence du régime féodal. Alors la force matérielle, unie et incorporée à la propriété territoriale, était le principe de l'état social. Or, la durée et la puissance de l'état social tenait à la solidité et à la perpétuité de sa base. Pour que l'édifice féodal subsistât, il fallait que le fief, élément primordial, molécule intégrante de cet édifice, comme disait M. Guizot, se maintînt lui-même. Il était de toute nécessité que le fief fût desservi. Dans ces circonstances, l'institution contractuelle s'offrait comme un mode certain de mettre la desserte à l'abri de toute vicissitude ; et, puisque l'âge et le sexe étaient des conditions importantes, il était tout simple qu'ils fussent pris en considération et déterminassent une préférence. Cela, nous le répétons, était imposé par l'ordre des choses où l'on vivait.

Mais quand la féodalité disparut, le caractère de privilége et d'exclusion de l'institution contractuelle avait fait son temps : il aurait dû s'effacer avec le gouvernement féodal pur. Il n'en fut pas ainsi : la nécessité féodale fut remplacée par la vanité et l'ambition domestiques, principes étroits et exclusifs de leur nature : *Nobiles inveniunt nobiliores per quos nobilitas crescit.* L'institution contractuelle répondit à un besoin nouveau ; mais elle conserva le même caractère.

Etait-ce un bien ? Assurément non.

D'abord, est-il possible qu'un semblable usage soit sanctionné

conservent les biens dans les familles seront très-utiles dans le gouvernement monarchique, quoiqu'elles ne conviennent pas dans les autres. »

par la morale et par le droit naturel? Qu'on en juge par ce qui se passait à peu près constamment dans les anciennes familles nobles.

Le père institue son fils aîné son héritier universel ; il reconnaît et déclare que son fils aîné est son principal héritier. La fortune de la famille est destinée tout entière à l'aîné des enfants ; comme si la bénédiction paternelle ne devait descendre que sur sa tête ! L'orgueil du nom se substitue à l'amour paternel, l'ambition de la race trouble l'égalité d'affection. Cependant les autres enfants, disgraciés, sacrifiés par calcul, se dispersent loin du vieux château des ancêtres, loin du manoir principal réservé à leur frère aîné. Au second, l'état ecclésiastique pour lequel il a une vocation préétablie. Au troisième, le service militaire : car il ne doit jamais se marier. C'est la règle. Les filles sont envoyées au couvent ou mariées avec une légère dot mobilière qui leur défend d'espérer la moindre parcelle du domaine des aïeux. Inégalités choquantes et dangereuses, contraires à la fois aux inspirations de la nature dans le cœur du père et à la concorde dans celui des membres de la même famille !

« Pourquoi, s'écriait le courageux Guy Coquille, pourquoi les hommes se parforcent-ils tant à éterniser leurs maisons, que Dieu aussi bien ne laisse pas que de ruiner, quand les biens sont mal acquis ? » (Sur le Nivernais, ch. XXXIII, art. 10.)

Peut-être l'institution contractuelle et les autres usages se référant au même but, en agrandissant la puissance de la noblesse, maintenaient la grandeur de l'Etat. Interrogeons les faits.

A vrai dire, l'ancienne noblesse française n'a rien gagné, en fait d'éclat, à son régime de transmission héréditaire des biens. Les nobles n'avaient pas uniquement des prérogatives ; ils avaient aussi des charges. C'était la noblesse qui soutenait tout le fardeau des guerres ; son or devait être versé avec son sang sur tous les champs de bataille. Il lui fallait de la richesse ; car, sans richesse, pas de noblesse. Cependant, par suite des entraves apportées à la circulation de ses propriétés, elle était forcée de recourir à des emprunts. Or, comment trouver des prêteurs avec la garantie d'une hypothèque incertaine et révocable ? Comment trouver des prêteurs, alors que ceux qui consentaient à confier des capitaux aux nobles, finissaient par se trouver en présence d'une désastreuse déconfiture ? Le but des institutions et substi-

tutions contractuelles était par conséquent manqué. Il y avait
bien concentration de la propriété territoriale dans les mains
des nobles; mais multiplication de leurs moyens d'action, en
aucune manière.

Voilà pourquoi le judicieux et sage d'Aguesseau écrivait en
1730 au premier président du Parlement d'Aix : « L'abrogation
entière de tous fidéicommis scrait peut-être, comme vous le
pensez, la meilleure de toutes les lois, et il pourrait y avoir des
moyens plus simples pour conserver dans les grandes maisons
ce qui suffirait à en soutenir l'éclat. »

D'ailleurs est-il réellement vrai que la prospérité de l'État fût
attachée à l'immensité des propriétés territoriales de la noblesse ?
Cette question touche à la politique ; or, en fait de politique,
nous ne comprenons que les systèmes logiques et nets.

L'ancienne constitution de la France était une constitution
monarchique. En se plaçant au point de vue du principe monarchique, en adoptant l'utilité et la légitimité de ce principe,
on devait repousser tout ce qui y portait atteinte et était en con-
tradiction avec lui. Qu'est-ce à dire ? L'ordre de la noblesse
n'avait pas de raison d'être légitime : c'était une pierre d'a-
choppement.

Nous no voulons pas prétendre qu'il n'y a de juste que la
noblesse purement personnelle et à vie ; nous admettons, au
contraire, la transmission de la noblesse par l'hérédité. Mais
nous soutenons que la forme monarchique était incompatible
avec la force matérielle de la noblesse. La perpétuité de distinctions purement honorifiques était sans danger ; mais il n'en
était pas de même de l'agglomération des propriétés tendant à
fortifier un ordre privilégié au sein d'un gouvernement monarchique. En un mot, la noblesse devait être un prestige, une dé-
coration sociale, non une réalité politique.

Ces choses n'ont pas besoin de démonstration. S'il en fallait
une, nous ne pourrions en signaler de plus éloquente que les faits
mêmes de notre histoire nationale. L'aristocratie a-t-elle toujours
été l'appui du trône ? Est-ce que le pouvoir royal n'a jamais été
obligé de centraliser en ses mains toutes les souverainetés éparses
sur le sol, et, pour arriver à cette fin, de former alliance avec
les communes contre la noblesse ? Les glorieux fondateurs de
l'unité française n'ont pas suivi une autre ligne de conduite.

Enfin, si nous envisageons les résultats économiques de l'inégalité de distribution de la propriété foncière, nous verrons que cette inégalité a été funeste au crédit et à l'agriculture. L'auteur de *l'Esprit des lois*, oubliant que la grandeur d'un Etat monarchique ne saurait résulter d'usages qui heurtent ouvertement les principes de l'honneur, des bonnes mœurs et de la morale, a déclaré que les substitutions qui conservent les biens dans les familles sont très-utiles dans ce gouvernement; mais il n'a pu s'empêcher de reconnaître qu'elles sont un obstacle à la prospérité du commerce par l'immobilité à laquelle elles condamnent une partie considérable de la richesse. Ajoutons qu'elles s'opposèrent également au développement de la production agricole; car, sans vouloir entrer dans le problème délicat de l'utilité du morcellement de la propriété foncière, nous pouvons enregistrer ce fait historique, à savoir que l'agglomération de la terre dans les mains d'un petit nombre de propriétaires, loin de favoriser la production territoriale sous l'ancien régime, mit continuellement l'agriculture en souffrance.

Il est donc certain que, dans l'ancien droit, l'institution contractuelle, en favorisant moins le mariage en lui-même que les unions nobiliaires, rentrait dans un système approprié aux besoins aristocratiques de la noblessse, et qu'elle ne peut dès lors échapper aux réprobations de la science politique et de l'économie sociale.

TROISIÈME PARTIE.

DE L'INSTITUTION CONTRACTUELLE D'APRÈS LE CODE NAPOLÉON.

PRÉAMBULE.

§ 1. *Législation intermédiaire*. — Il importait d'esquisser le rôle que l'institution contractuelle joua dans l'ordre politique sous l'ancien droit, pour comprendre les attaques violentes dirigées contre elle par la législation intermédiaire.

Nous voici, en effet, arrivé à une époque importante, à notre grande révolution de 1789.

Au dix-huitième siècle, une ardeur extraordinaire s'était emparée des esprits. Toutes les pensées étaient dirigées vers le renouvellement de l'ordre existant. On aspirait à un état nouveau ; on demandait à grands cris réforme et liberté. C'étaient là les symptômes d'une de ces crises où une nation change totalement de caractère.

La tempête éclate en 1789 et va se prolongeant dans les années suivantes. Le tourbillon révolutionnaire renverse, déracine, emporte les institutions. Le délire de la destruction dépose en trophées sanglants les débris du passé sur l'autel érigé à la patrie. Noblesse, clergé, vieilles illustrations, religion, tout se confond dans le même abîme. La royauté elle-même, ce palladium constant de la France, tombe et est sacrifiée dans la personne du plus sincère philanthrope. Au règne du descendant de saint Louis succède celui de la Terreur ; la croix du Christ est supplantée par la statue de la déesse Raison.

Ce n'est pas ici le lieu de juger cette mémorable révolution qui a renouvelé la face de la France. C'est le rôle de l'historien plutôt que celui du juriste. D'ailleurs, et pour le dire en passant, on semble aujourd'hui fuir les opinions extrêmes, pour faire la part de toutes choses. C'est ainsi que, loin d'amnistier les crimes auxquels la cause de la révolution a servi de prétexte, on les condamne, parce que, malgré ces circonstances, l'homme est toujours libre et responsable de ses actes ; c'est ainsi, d'un autre côté, qu'on proclame la grandeur des principes de la Révolution, l'utilité de leur triomphe. Comparant cette époque aux autres crises violentes de l'histoire, le philosophe admire comment Dieu, le suprême alchimiste, fait sortir le bien du mal, comment toutes les grandes conquêtes de l'humanité s'accomplissent au milieu des convulsions et sous le baptême régénérateur du sang.

Durant cette période orageuse, la plupart de nos lois s'engloutissent dans un même naufrage. L'institution contractuelle pouvait-elle échapper à cette destinée générale ? Vestige des usages féodaux, soutien de la noblese, devait-elle trouver grâce devant la révolution qui avait anéanti les derniers restes des droits féodaux, les titres et les priviléges de la noblesse ?

Les lois des 4-11 août 1789 abolissent la féodalité. Le décret du 9 juin 1790 détruit la noblesse. Le système des successions, clef de voûte de l'édifice aristocratique, est bouleversé. Le décret du 15 mars 1790 abolit le droit d'aînesse et de masculinité

à l'égard des fiefs, domaines et aïeux nobles, et les partages iné-
gaux à raison de la qualité des personnes. Celui du 8 avril 1791
généralise cette abrogation et fait disparaître les dernières traces
des priviléges résultant de la masculinité et de la primogéniture.
Désormais « toute inégalité ci-devant résultant, entre héritiers
ab intestat, des qualités d'aînés ou de puînés, de la distinction
des sexes ou des exclusions coutumières, soit en ligne directe,
soit en ligne collatérale, est abolie. » Les substitutions sont prohibées par le décret des 14-15 novembre 1792.

Jusqu'ici l'institution contractuelle est respectée ; mais il est
facile de prévoir qu'elle n'échappera pas longtemps au marteau
de destruction.

Elle est atteinte d'abord par la loi du 7 mars 1793, abolitive
de la faculté de disposer de ses biens, soit à cause de mort, soit
entre vifs, soit par donation contractuelle en ligne directe. Cette
première attaque est le prodrome d'une mort imminente. Quand
la loi du 17 nivôse an II vient consacrer la rupture définitive avec
le passé et l'établissement systématique des principes nouveaux
sur la transmission des biens *ab intestat*, ce Code successoral s'ouvre par la disposition suivante : « Les institutions contractuelles
et toutes dispositions à cause de mort, dont l'auteur est encore
vivant ou n'est décédé que le 14 juillet 1789, ou depuis, sont
nulles, quand mêmes elles auraient été faites antérieurement. »
Et, plus bas, sont prohibées toutes les libéralités à titre universel.

On ne se contente pas d'enlever des droits acquis. On méprise
encore des droits ouverts et réalisés. Il semble que la Convention
nationale ait à cœur de réparer, par une brutale rétroactivité,
l'oubli commis par l'Assemblée constituante et par l'Assemblée
législative.

Plus tard, cependant, c'est-à-dire le 18 pluviôse an V, le Conseil des cinq cents, considérant que les changements survenus
dans les lois relatives aux successions ont fait naître plusieurs
difficultés qui empêchent les tribunaux de prononcer sur les ré-
clamations qui leur sont adressées à cet égard, maintient les institutions contractuelles et les autres dispositions irrévocables de
leur nature, légitimement stipulées en ligne directe avant la
publication de la loi du 7 mars 1793, et en ligne collatérale ou
entre individus non parents, antérieurement à la publication de
la loi du 5 brumaire an II.

Mais la prohibition renfermée dans l'article 1ᵉʳ de la loi du 17 nivôse an II continue de subsister jusqu'à nouvel ordre. Elle est maintenue par la loi du 4 germinal an VIII. Tel fut, sous la législation intermédiaire, le sort de l'institution contractuelle. Elle a succombé sous les coups de la Révolution. Il devait en être ainsi, parce qu'il est de la nature des révolutions de proscrire non-seulement l'abus, mais encore l'usage, d'arracher et de livrer au feu l'arbre qui aurait pu donner de bons fruits, si on eût seulement élagué ses mauvaises branches : radicalisme outré, suivi bientôt de ruines sans nombre.

Le glaive de la Terreur une fois brisé, l'agitation cesse. L'horizon s'entr'ouvre et le soleil vient éclairer des décombres. On avait voulu tout détruire, il faut tout réparer. Il était temps enfin qu'une main puissante se posât sur ce chaos pour en faire jaillir une société nouvelle.

Cette main restauratrice arriva : c'est celle du premier Consul.

§ 2. *Code Napoléon.* — *Travaux préparatoires.* — La constitution de l'an VIII ouvre à la France une ère de grandeur. Dans le sein de la paix intérieure qui succède à l'anarchie, le premier Consul applique son génie à relever l'édifice social pour le reconstruire suivant le plan des idées nouvelles; car, dans cette œuvre de restauration, les principes de la Révolution ont leur part d'influence modérée et légitime. Dans le préambule de la constitution qui nous régit aujourd'hui, le chef de l'Etat a pu dire, d'accord avec le sentiment général et la réalité historique : « Notre société actuelle, il est essentiel de le constater, n'est pas autre chose que la France régénérée par la Révolution de 1789 et organisée par l'Empereur. Il ne reste plus rien de l'ancien régime que de grands souvenirs et de grands bienfaits. Mais tout ce qui alors était organisé a été détruit par la Révolution, et tout ce qui a été organisé depuis la Révolution et qui existe encore l'a été par Napoléon. »

Au milieu de ce travail de réorganisation sociale, il est une œuvre qui rend le premier Consul digne de la reconnaissance de la postérité ; c'est celle qui porte son nom : le *Code Napoléon.*

Depuis longtemps des esprits éminents avaient été frappés de la nécessité d'une législation uniforme pour toute la France. Des essais de codification avaient même été tentés, mais d'une manière infructueuse. L'Assemblée nationale avait, à son tour, dé-

claré l'urgence de l'unité dans les lois. Il était réservé à Napoléon de réaliser cette unité. A compter du 30 ventôse an XII
(21 mars 1804), les lois civiles sont réunies en un seul corps de
lois, sous le titre de *Code civil des Français*. Désormais plus de
diversité, plus de bigarrure. Les lois romaines, les ordonnances,
les coutumes générales ou locales, les statuts, les règlements
cessent d'avoir force de loi.

Le Code Napoléon est une transaction non-seulement entre le
droit écrit et les coutumes, mais encore entre l'esprit de l'ancienne monarchie et celui des Assemblées nationales de la Révolution sur les matières civiles. Parmi les jurisconsultes qui
concoururent à la confection de ce grand monument législatif,
ceux-ci appartenaient au nord, ceux-là au midi de la France. Les
uns étaient attachés aux idées anciennes, les autres aux idées
nouvelles. Le résultat de leurs travaux porte l'empreinte de
la fusion de ces divers éléments.

L'ordre des successions est déterminé d'après la réaction de la
législation intermédiaire contre le droit politique de l'ancien régime. Il ne peut être question de distinctions ni de priviléges :
l'égalité devient la règle suprême. Plus de raison politique : à
la dévolution des biens *ab intestat* préside l'équité, la raison civile. La conservation de la richesse dans les familles n'est plus
le but de la loi. C'est, au contraire, le morcellement de la propriété, le nivellement des fortunes entre les individus. L'avenir
apprendra de quel côté est le bien.

Si le Code Napoléon ne favorise pas la splendeur des familles,
il tend, ce qui vaut beaucoup mieux, à propager l'esprit de famille. En cela, il satisfait, par la force même des choses, la raison d'Etat ; car l'esprit de famille, en se généralisant, se transforme en esprit de cité, et, comme l'a dit J.-J. Rousseau, c'est
par la petite patrie, qui est la famille, que l'on s'attache à la
grande.

Le mariage est la source, seule pure, d'où la famille procède
naturellement. Union des âmes et des corps, il fournit en même
temps un aliment au besoin d'amour qui agite le cœur de
l'homme, et un moyen de satisfaction légitime à la plus impé-
rieuse de ses passions physiques. Selon les desseins de la Pro-
vidence, il assure, par la procréation des enfants, la perpétuité
des générations humaines. Ramené par le spiritualisme chrétien

à la pureté de son essence originaire, offert par l'Eglise comme
un canal qui transmet à l'âme la grâce divine, il entretient au
sein de notre société civilisée, dans la même sphère de dignité,
de grandeur, de communauté d'existence, la destinée de la
femme et celle de l'homme. Il ouvre enfin à la famille la voie de
sa véritable mission morale et sociale. L'opinion publique, en
France, n'a jamais méconnu ces principes. Dans des circonstances récentes, lorsque la société était arrivée à un tel état
de perturbation morale, que les idées les plus naturelles étaient
combattues et mises en doute, la nation s'est tenue ferme sur
un point : il n'y a guère eu qu'une chose sur laquelle l'universalité des citoyens ait protesté contre les doctrines subversives :
c'est la sainteté du mariage et des liens de famille.

Le législateur de 1804 devait donc favoriser le mariage. Il l'a
fait de plusieurs manières, et notamment en couvrant de sa
protection les libéralités qui facilitent les unions conjugales, en
forment la dot et en assurent la prospérité matérielle.

« Toute loi, disait Bigot-Préameneu, dans l'exposé des motifs
du titre *des Donations et Testaments*, toute loi dans laquelle on
ne chercherait pas à encourager le mariage serait contraire à la
politique et à l'humanité. Loin de les encourager, ce serait y
mettre obstacle, si on ne donnait pas le plus libre cours aux
donations sans lesquelles ces liens ne se formeraient pas. »

Ces donations anténuptiales jouissent de nombreux priviléges.
Elles sont, d'une part, peu onéreuses pour les donateurs; de
l'autre, elles échappent à la sévérité de quelques-unes des règles
auxquelles sont soumises les donations ordinaires.

Les donations faites par contrat de mariage et en contemplation du mariage sont régies par les dispositions du chapitre VIII
du titre *des Donations et Testaments*, intitulé : « Des donations
faites par contrat de mariage aux époux et aux enfants à naître
du mariage. » Elles se divisent en quatre espèces : 1º les donations de biens présents; 2º les donations de biens à venir; 3º les
donations cumulatives de biens présents et de biens à venir;
4º les donations de biens présents faites sous des conditions po-
testatives de la part du donateur.

La seconde classe, celle des donations de biens à venir, n'est
autre chose que l'institution contractuelle. Elle est régie par les
articles 1082 et 1083 du Code Napoléon.

Le projet du Code, émané de la Commission de rédaction, avait essayé timidement de rétablir l'institution contractuelle. Voici les articles du projet :

ART. 1082. « Les pères et mères, les autres ascendants, les parents collatéraux des époux, et même les étrangers, pourront, par contrat de mariage, disposer de tout ou partie des biens qu'ils laisseront au jour de leur décès, tant au profit desdits époux, qu'au profit des enfants à naître de leur mariage, dans le cas où le donateur survivrait à l'époux donataire. — Pareille donation, quoique faite au profit seulement des époux ou de l'un d'eux, sera toujours, dans ledit cas de survie du donateur, présumée faite au profit des enfants et descendants à naître du mariage, si le contraire n'a été exprimé dans la donation. Elle est sujette à la formalité de l'acceptation : il suffit qu'elle soit faite par l'époux donataire, pour profiter aux enfants du mariage. »

ART. 1083. « La donation, dans la forme portée au précédent article, sera irrévocable en ce sens seulement que le donateur ne pourra plus disposer, à titre gratuit, des objets compris dans la donation, si ce n'est pour sommes modiques, à titre de récompense ou autrement : le donateur conserve jusqu'à sa mort la liberté entière de vendre et d'hypothéquer, à moins qu'il ne se la soit formellement interdite en tout ou en partie. »

Les tribunaux ne firent aucune observation sur ces dispositions. Arrivées à la section de législation du Conseil d'Etat, elles furent modifiées et corrigées dans le sens de la restriction des pouvoirs du donateur et de l'extension de la faveur des enfants à naître. On arrêta enfin la rédaction dans l'état où elle se trouve aujourd'hui ; et il y eut adoption pure, simple et sans discussion au Corps législatif.

Nous avons donc à présenter le commentaire détaillé des articles 1082 et 1083 du Code Napoléon, ainsi conçus :

ART. 1082. « Les pères et mères, les autres ascendants, les parents collatéraux des époux, et même les étrangers, pourront, par contrat de mariage, disposer de tout ou partie des biens qu'ils laisseront au jour de leur décès, tant au profit desdits époux, qu'au profit des enfants à naître de leur mariage, dans le cas où le donateur survivrait à l'époux donataire. — Pareille donation, quoique faite au profit seulement des époux ou de l'un d'eux, sera toujours, dans ledit cas de survie du donateur, présumée faite au profit des enfants et descendants à naître du mariage. »

ART. 1083. « La donation, dans la forme portée au précédent article, sera irrévocable, en ce sens seulement que le donateur ne pourra plus disposer, à titre gratuit, des objets compris dans la donation, si ce n'est pour sommes modiques, à titre de récompense ou autrement. »

I

APERÇUS GÉNÉRAUX.

Dans le Code Napoléon, les pactes sur succession future sont prohibés. L'article 1130 dispose qu'on ne peut faire aucune stipulation sur une succession non ouverte, même avec le consentement de celui de la succession duquel il s'agit. On a considéré qu'il y aurait, d'une part, danger au point de vue de l'ordre public, et, d'autre part, inconvenance ou immoralité à admettre de semblables stipulations.

Cependant, la faveur qui s'attache au mariage, la nécessité d'encourager la création des familles imposaient au législateur le devoir de traiter moins rigoureusement certaines conventions sur succession future qui se font par contrat de mariage. « Le père qui marie ses enfants, a dit Bigot-Préameneu, s'occupe de leur prospérité : la dotation actuelle doit être presque toujours subordonnée à des dispositions sur la succession future. » Il fallait donc balancer les inconvénients de ces dispositions en général avec les avantages particuliers qu'elles peuvent offrir dans les contrats de mariage. C'est ce qu'a fait le législateur, et une certaine espèce de pactes sur succession future a été reçue dans les contrats matrimoniaux. Il y a, d'ailleurs, une grande différence entre les conventions par lesquelles on renonce à la succession d'un homme vivant, ou on aliène les droits qu'on peut avoir éventuellement à cette succession, et les conventions par lesquelles on dispose de sa propre succession au profit d'un tiers. Les premières sont si immorales et si dangereuses, qu'elles sont défendues même dans les contrats de mariage (art. 1600, 791). Les secondes, au contraire, ne violent pas nécessairement les principes des bonnes mœurs et de l'ordre public. Pourquoi les interdire quand elles profitent aux familles, quand elles facilitent la formation des unions conjugales ?

Voilà comment l'institution contractuelle a été admise dans le Code Napoléon, par dérogation à la prohibition des pactes sur succession future.

Ce n'est pas tout. L'article 943 prononce la nullité de la donation de biens à venir. L'article 944 déclare expressément nulle toute donation entre vifs faite sous des conditions dont l'exécution dépend de la seule volonté du donateur. Ces deux articles dérivent l'un et l'autre de la maxime : *Donner et retenir ne vaut*, maxime que le droit coutumier avait établie en haine des donations [1], et que le Code Napoléon a maintenue sans doute comme une règle nécessaire à la stabilité de la propriété. L'institution contractuelle déroge encore à cette règle : « Les règles, même les plus sévères, disait Jaubert, dans son rapport au tribunat, que la loi a cru devoir établir sur l'irrévocabilité des donations, doivent fléchir en faveur du mariage. La loi ne voit que la nécessité de l'encourager. » — L'institution contractuelle déroge enfin à l'article 893 du Code Napoléon, qui ne reconnaît que deux manières de disposer de ses biens à titre gratuit : la donation entre vifs et le testament. En effet, l'institution contractuelle est une espèce de disposition mixte entre le testament et la donation. Elle emprunte certains traits au testament, certains traits à la donation, mais on ne peut pas dire d'une manière absolue qu'elle est une donation ou qu'elle est un testament. Cependant, c'est ce qu'a fait le Code Napoléon. A l'inverse de la législation intermédiaire qui avait compté l'institution contractuelle au nombre des dispositions à cause de mort, le Code Napoléon l'a rangée parmi les donations entre vifs. La rubrique sous laquelle se trouvent placés les articles 1082 et 1083 est ainsi conçue : « Des *donations* faites par contrat de mariage aux époux et aux enfants à naître du mariage ; » et, dans ces articles eux-mêmes, l'institution contractuelle est désignée par le mot « donation. » De là il semble résulter qu'en cas de difficulté, il faut soumettre l'institution contractuelle aux règles des donations entre vifs et non à celles des testaments.

On a eu raison de le dire : la doctrine peut reprocher aux rédacteurs du Code d'avoir tenté l'impossible, en classant l'institu-

---

[1] « Les donations sont de droit étroit, préjudiciables aux familles, et, par cette raison, on ne leur donne pas d'extension. » De Laurière, sur Loisel.

tion contractuelle parmi les donations. Une disposition législative ne peut vaincre la nature des choses. Comme nous aurons occasion de le démontrer, il y a un grand nombre de questions dont la solution équitable ne peut être obtenue qu'en rapportant l'institution contractuelle, non pas aux donations entre vifs, mais aux testaments, de telle sorte qu'il faut encore répéter aujourd'hui ce que Domat écrivait dans ses *Lois civiles :* « Les institutions contractuelles ayant leur nature mêlée de celle des testaments et de celle des conventions, on doit distinguer en chaque difficulté si c'est par les règles des conventions ou par celles des testaments qu'on doit la résoudre. »

Le Code Napoléon n'a pas consacré la dénomination d'institution contractuelle, il l'a remplacée par celle de donation de tout ou partie des biens qu'on laissera au jour de son décès. Faut-il voir dans cette substitution l'effet d'un scrupule politique pareil à celui qui fit effacer de la législation civile certains noms rappelant des usages en opposition avec les idées nouvelles? Nous ne le pensons pas ; car rien dans la discussion à laquelle furent soumis les articles 1082 et 1083 ne prouve qu'on ait eu le dessein d'écarter la dénomination d'*institution contractuelle*. Nous voyons, au contraire, Jaubert dire dans son rapport : « *Les institutions contractuelles* continueront d'être autorisées en faveur du mariage. » D'ailleurs, cette ancienne qualification, parfaitement convenable autrefois, n'est plus exacte aujourd'hui. Il n'y a plus d'héritier proprement dit, du moins suivant le sens de la loi romaine. L'institution d'héritier et le legs sont deux dispositions testamentaires de même nature : elles produisent le même effet (art. 1002). D'un autre côté, la donation de biens à venir par contrat de mariage peut comprendre non-seulement la totalité ou une quote-part de la succession du donateur, mais encore taxativement un objet particulier à prendre dans cette succession. Quoi qu'il en soit, la doctrine, par respect pour la tradition juridique, conserve l'expression d'*institution contractuelle*, qui est, du reste, fort commode dans la pratique.

II

Toute personne peut faire une institution contractuelle. L'article 1082 permet cette disposition non-seulement au père, à la mère et aux autres ascendants des époux, mais encore à leurs parents collatéraux et même aux étrangers. Sur ce point, pas de difficulté.

Il en est autrement de la question de capacité proprement dite. Comme nous l'avons déjà annoncé, l'institution contractuelle est un don de succession, un genre de libéralité anomal, tenant à la fois de la donation entre vifs et du testament. Pour donner par contrat de mariage tout ou partie des biens qu'on laissera au jour de son décès, suffit-il d'être capable de tester, ou faut-il avoir la capacité de donner entre vifs?

Il n'y a pas de controverse possible sur l'incapacité des personnes qui ne peuvent aliéner leurs biens ni par donation, ni par testament. Ainsi le condamné à une peine afflictive perpétuelle, qui ne peut disposer de ses biens, en tout ou en partie, soit par donation entre vifs, soit par testament, est évidemment incapable de faire une institution contractuelle. (Loi du 31 mai 1854, art. 3 [1].)

Il en est de même du mineur âgé de moins de seize ans (art. 903 C. Nap.), et de l'interdit (art. 502, 509, 511 C. Nap.).

Toutefois, il y a cette différence entre le condamné à une peine afflictive perpétuelle d'un côté, et le mineur et l'interdit de l'autre, que l'institution contractuelle faite par le premier serait un contrat absolument nul, tandis que celle faite par les seconds serait seulement annulable (art. 1124, 1125 et 1304 C. Nap.).

Quid, des personnes qui sont frappées de l'incapacité de donner entre vifs et qui peuvent tester, par exemple, des mineurs âgés de plus de seize ans, des femmes mariées, des prodigues

---

[1] Nous pensons, avec M. Duvergier (*Collection des lois*, 1854, p. 290), que cet article n'est pas irréprochable, qu'on eût dû laisser au condamné à une peine afflictive et infamante le moyen de disposer de ses biens pour l'établissement de ses enfants. Les enfants sont innocents. Et cependant la loi annule toutes les donations par lesquelles le père favoriserait leur mariage! Remarquons même que le conseil de famille ne peut pas aviser, en ce qui concerne l'établissement des enfants, suivant l'article 511 du Code Napoléon; car l'article 3 frappe le condamné d'une incapacité qui s'ajoute aux effets civils de l'interdiction légale et existe concurremment avec eux. En exprimant une opinion contraire dans son rapport sur la loi du 31 mai 1854, M. Riché a commis une erreur. — Il faut dire toutefois que le vice de la loi du 31 mai peut être corrigé, si le chef de l'Etat relève le condamné de tout ou partie des incapacités de l'article 3.

ou faibles d'esprit pourvus d'un conseil judiciaire, de ceux qui sont interdits légalement ?

En règle générale, l'institution contractuelle ne peut être faite que par une personne capable non-seulement de tester, mais encore de donner par acte entre vifs. Instituer contractuellement, c'est bien plus que tester. La volonté du testateur est ambulatoire ; celle de l'instituant est comprimée et enchaînée dans l'avenir. Instituer contractuellement, c'est aliéner la faculté de disposer désormais à titre gratuit ; c'est se dépouiller *actuellement* et *irrévocablement* du droit de régler sa succession (art. 894 C. Nap.) : acte important et grave, puisqu'il entraîne une espèce de dessaisissement présent et à toujours. N'est-il pas, dès lors, rationnel et logique d'en subordonner l'exercice à la capacité requise pour la donation entre vifs ?

C'est pourquoi le mineur qui a seize ans accomplis ne peut faire une institution contractuelle (art. 894, 304 C. Nap. — Cass., 30 nov. 1814).

Même solution applicable aux personnes qui, pourvues d'un conseil judiciaire, sont incapables d'aliéner (art. 499, 513).

La femme mariée non autorisée ne pourrait faire valablement une institution contractuelle (art. 217, 905). Grenier est d'un avis contraire (n° 431, *in fine*). Cet auteur se fonde sur ce que l'autorisation du mari ou de justice n'est requise que pour les actes emportant aliénation, actes auxquels l'institution contractuelle ne saurait être comparée, puisqu'elle ne dépouille pas, qu'elle est une donation de succession. — Nous avons établi, au contraire, que l'instituant consent une véritable aliénation. Par conséquent, l'opinion de Grenier manque de base. — Elle pourrait être soutenue avec plus d'avantage, en apparence du moins, si on disait : l'autorisation nécessaire à la femme n'est exigée que dans le seul intérêt de l'autorité maritale. L'intérêt du mari est respecté, puisque l'institution contractuelle ne produira ses effets qu'après la dissolution du mariage. Il faut donc, pour la capacité de la femme, assimiler l'institution contractuelle au testament que la femme peut faire sans le consentement marital. — Toutefois, cette argumentation serait encore peu satisfaisante. La nécessité de l'autorisation n'a pas été introduite seulement en faveur de l'intérêt du mari ; elle repose également sur les intérêts collectifs de la famille dont le mari est le représentant et le chef. Elle a pour principe encore l'intérêt personnel de la femme qu'il faut protéger contre ses entraînements et son inexpérience. L'institution contractuelle peut un jour appauvrir la famille : et d'ailleurs le mari doit surveiller les relations de sa femme, car « les bonnes mœurs et l'honnêteté publique ne permettent pas à la femme d'avoir communication d'affaires avec autrui, sans le su et le congé de son mari, pour éviter suspicion. » (Bouhier, *Observations sur la coutume du duché de Bourgogne*, chap. XIX, n°⁵ 46-51.)

L'application de ces principes est indépendante du régime matrimonial adopté par les époux. Quel que soit ce régime, la femme doit être autorisée de son mari, ou, à son refus, de la justice, pour donner par contrat de mariage tout ou partie des biens qu'elle laissera au jour de son décès.

Peu importe, du reste, la qualité de ces biens : propres, paraphernaux ou dotaux, ils peuvent être compris dans l'institution contractuelle.

Toutefois, la question de savoir si la femme mariée sous le régime dotal a la faculté de disposer de ses biens dotaux par une institution contractuelle est l'objet d'une vive controverse.

Nous penchons pour l'affirmative, avec Grenier, Delvincourt, Troplong, Duranton, contre Odier, Zachariæ et ses annotateurs, Rodière et Pont. Pourquoi la dot est-elle inaliénable ? C'est pour que sa destination, qui est de subvenir aux charges du mariage, soit assurée. Or, que fait la femme en instituant contractuellement au moyen de sa dot ? Entrave-t-elle la marche de l'union conjugale ? Prive-t-elle cette association de ce qui doit en assurer la subsistance et la prospérité ? en aucune manière. Le mari continuera d'administrer librement la dot et d'en percevoir les revenus. La femme, à son tour, pourra l'aliéner dans les cas exceptionnels où l'aliénation en est permise. Il est vrai qu'elle perdra le droit d'en disposer gratuitement. Mais cela ne met pas obstacle à l'emploi naturel de la dot durant le mariage. Nous disons *durant le mariage*. En effet, il ne faut pas se préoccuper de ce qui arrivera à sa dissolution. A cette époque, les biens donnés auront perdu la qualité de biens dotaux. C'est inutilement que MM. Rodière et Pont (*Contrat de mariage*, t. II, n° 491) objectent que l'institution contractuelle causera un grand préjudice au mari, à la femme et aux enfants. Au mari, en empêchant la femme de lui donner ou léguer les biens dont elle a déjà disposé contractuellement, comme si la dot était inaliénable pour faciliter les libéralités entre époux! A la femme qui, en cas de survie, trouvera difficilement un nouvel établissement, comme si la dot était aujourd'hui frappée d'indisponibilité pour le même motif qui dicta, sous Auguste, la loi Julia. (*Interest reipublicæ mulieres dotes salvas habere, propter quas nubere possint.*) Est-ce que l'inaliénabilité des biens dotaux a pour but de favoriser les seconds mariages? D'ailleurs, la veuve qui, *constante matrimonio,* a fait une institution contractuelle comprenant ses biens ci-devant dotaux, pourra apporter ces mêmes biens dans une nouvelle association conjugale, car la constitution de dot par la femme est un contrat à titre onéreux. Peut-être même l'institution contractuelle sera-t-elle révoquée par la survenance d'une progéniture refusée au premier mariage. Aux enfants enfin, puisque l'institution contractuelle aura pour résultat de les dépouiller; mais les enfants issus du mariage auront toujours leur réserve saine et sauve (1090 C. Nap.) Quant à la quotité disponible, qui pouvait empêcher leur mère de la léguer par testament? Elle l'a léguée par testament irrévocable. Voilà toute la différence.

Nous pouvons donc conclure avec M. Troplong: « Sans doute, toute aliénation qui fait tort au ménage, qui lui enlève ses ressources, qui nuit à l'établissement des enfants, doit être sévèrement critiquée et annulée. Mais pourquoi s'effaroucher d'une aliénation qui n'a d'effet qu'après la mort de la femme, qui, pendant le mariage, laisse les choses intactes, qui ne nuit à personne et n'est destinée à porter que sur des biens qui auront perdu l'empreinte de la dotalité »? (*Contrat de mariage,* n° 3272). Ajoutons avec la Cour de Grenoble (11 juin 1851), que, dans les pays de droit écrit, la femme dotale pouvait, avec l'autorisation de son mari, faire une institution contractuelle et que le Code civil a maintenu le régime dotal tel qu'il existait dans les pays de droit écrit, sauf les modifications qu'il a nettement formulées. (*Contrà,* Nîmes, 18 février 1834; Caen, 16 août 1842.)

La capacité pour faire une institution contractuelle est-elle compatible avec l'interdiction légale dont est frappé le condamné à une peine afflictive ou infamante temporaire? Il n'y a pas de doute. Trois systèmes se sont produits en doctrine et en jurisprudence sur la situation des condamnés interdits, quant à la disposition de leur fortune. D'après le premier, l'interdiction n'a d'effets que relativement à l'administration des biens, le condamné conservant d'ailleurs la plénitude de l'exercice de ses droits civils. Suivant le second, le condamné est privé entièrement de l'exercice de ses droits civils. Enfin, le troisième système, établissant une différence entre les aliénations entre vifs et les dispositions testamentaires, reconnaît la validité du testament fait par l'interdit, mais annule ses obligations, ses contrats, ses aliénations. Nous adoptons entièrement cette distinction pour laquelle se prononce la jurisprudence la plus récente. Cela posé, il semble que nous devions, conformément à la règle générale que nous avons énoncée, déclarer l'interdit légalement incapable d'instituer contractuellement. Néanmoins, le fondement de l'interdiction légale et la portée sainement entendue de l'article 29 du Code pénal nous amènent à embrasser l'opinion contraire. La loi a voulu d'abord ne pas laisser à l'abandon les biens du condamné pendant la durée de sa peine, ce qui eût été la plupart du temps la ruine matérielle du condamné et même de sa famille. En second lieu, comme le discours de Treilhard, orateur du gouvernement, en fait foi, il eût été immoral et dangereux de permettre au condamné de faire, par de scandaleuses profusions, d'un séjour d'humiliation un séjour de joie et de débauches et de se procurer, par des largesses intéressées, des facilités d'évasion (art. 31 C. pén.). L'interdiction légale n'a pour but que d'exclure le condamné de toute administration et de toute jouissance de ses biens. Il est donc rationnel de ne refuser à l'interdit légalement que les actes entre vifs qui sont, par leurs effets, incompatibles avec le régime d'administration tutélaire auquel il est soumis. Or, l'institution contractuelle ne peut apporter aucun obstacle à cette administration. Elle est donc dans les limites de la capacité de l'interdit, au même titre que le testament.

L'institution contractuelle ne deviendrait pas caduque par l'incapacité dont l'instituant serait frappé postérieurement et qui continuerait de subsister au moment de son décès, par exemple, par la condamnation à une peine afflictive perpétuelle, par l'interdiction, etc. Si la capacité du testateur est requise aux deux époques de la confection du testament et de la mort qui le confirme, c'est parce que la loi considère le testament comme l'œuvre de la volonté dernière et suppose que la volonté qui en a dicté les dispositions a persévéré jusqu'au décès. Mais l'institution contractuelle est un contrat irrévocable, parfait depuis le moment où elle est offerte et acceptée : rien de ce qui arrive plus tard ne peut porter atteinte à cette perfection. En ce sens, l'institution contractuelle participe de la donation entre vifs. Par conséquent, de même que la capacité du donateur entre vifs n'est exigée qu'au moment de la formation du contrat, de même il importe peu qu'à son décès l'instituant soit incapable de disposer, pourvu qu'il ait été capable au moment où l'institution a eu lieu.

III

La donation de biens à venir est, ainsi que nous l'avons établi, une dérogation au droit commun, introduite afin d'encourager les mariages et de favoriser la formation d'une famille nouvelle. Elle doit, par conséquent, être restreinte aux personnes qui vont contracter mariage et aux enfants et descendants à naître de ce mariage. Seules, ces personnes sont comprises dans la faveur du contrat de mariage. Voilà pourquoi l'article 1082 n'indique comme susceptibles de recevoir une donation de biens à venir que les époux et les enfants à naître de leur union.

De ce que l'article 1082 n'autorise ce genre de disposition qu'en faveur des futurs époux et de leur descendance à naître, il résulte que la clause d'association, si commune dans notre ancien droit français, est proscrite par le Code Napoléon.

Merlin, il est vrai, professe une opinion contraire (v° INSTITUTION CONTRACTUELLE, § 5, *Répertoire de jurisprudence*). Voici les raisons sur lesquelles se fonde ce savant jurisconsulte : Dans l'ancien droit, on regardait la clause d'association comme une substitution fidéicommissaire. La nouvelle législation, en prohibant les substitutions, n'a point entendu prohiber les simples fidéicommis qui ne sont caractérisés ni par le *tractus temporis*, ni par l'*ordo successivus*. Par conséquent, la charge que l'héritier institué est tenu de remplir au profit d'un tiers, au moment où il accepte l'institution, est valable. Ce qui le démontre encore, c'est l'article 1121, d'après lequel on peut stipuler au profit d'un tiers, lorsque telle est la condition d'une donation faite à un autre. Seulement, suivant la disposition finale du même article, l'instituant est libre de révoquer l'association, tant qu'elle n'a pas été acceptée par le tiers associé à l'institution.

Plus un esprit est haut placé dans la doctrine, plus ses erreurs sont dangereuses, et plus il importe de les signaler et de les combattre. M. Grenier, qui avait déjà opiné pour la nullité de la clause d'association, avant que Merlin n'eût écrit dans le sens contraire, s'efforça, dans une nouvelle édition du *Traité des donations et testaments*, de réduire au néant les objections de son contradicteur : « Malgré la grande déférence que j'ai pour ses opinions, dit-il, je persiste, surtout d'après les termes de la nouvelle législation, à regarder l'institution contractuelle qui n'a lieu au profit de celui qui ne se marie pas que par l'effet oblique d'une clause d'association, comme abusive et contraire à la pureté des principes. » Effectivement, les arguments de Merlin sont bien fragiles. Les dispositions du Code Napoléon sur les substitutions fidéicommissaires sont étrangères à la question, puisque, de l'aveu même de Merlin, et quoi qu'en aient pensé Auroux des Pommiers et Bergier sous l'ancien droit, la clause d'association ne renferme pas une substitution fidéicommissaire. L'article 1121 n'est pas plus pertinent. En l'invoquant comme une arme décisive, Merlin tombe évidemment dans une pétition de principes. En effet, le législateur y a eu seulement en vue une donation entre vifs qui aurait pu être faite en son entier, au profit de celui qui y est gratifié.... Mais l'institution ne pourrait pas être faite au profit d'un individu qui ne se marie pas. Voilà la circonstance qui établit une différence de principes et qui empêche l'application de cet article 1121. » Merlin glisse sur cette dernière objection sans y répondre ; et cependant elle est écrasante contre son système. L'institution contractuelle est une exception. Les exceptions sont de droit étroit. Or, il résulte de l'article 1082 que nul ne peut participer à une institution contractuelle renfermée dans le contrat de mariage d'autrui. S'il en était autrement, « on verrait un individu qui ne se marie point se faire faire, par une simple acceptation, une véritable institution contractuelle, contre le vœu de la loi qui ne tolère ce mode de disposer qu'en faveur de celui qui se marie et par son propre contrat de mariage.... On verrait un véritable trafic des successions par des actes autres que ceux auxquels la loi, par les motifs les plus sages, en a attaché la transmission. » (N° 423.)

Merlin ne se tint pas pour battu par les objections que Grenier opposait à son système. Aussi ce dernier consacra-t-il un opuscule spécial à la réfutation de l'opinion de Merlin. Dans ce travail, inséré à la fin du *Traité des donations et testaments*, sous le titre : *Dissertation sur la validité ou invalidité de la clause d'association d'un tiers non contractant mariage, apposée à une institution contractuelle*, Grenier prend son adversaire corps à corps et le terrasse. Nous ne suivrons pas Grenier dans cette lutte où il n'a rien laissé à faire aux autres. Il nous suffira de dire qu'un seul auteur, M. Vazeille, s'est rangé à l'avis de Merlin, tandis que la jurisprudence s'est universellement prononcée contre la validité de la clause d'association (Bourges, 19 décembre 1821 ; Riom, 18 mai 1826).

La nullité de la clause d'association n'entraîne pas la nullité de l'institution contractuelle faite directement au profit de celui qui veut contracter mariage. *Utile per inutile non vitiatur.*

Mais on se demande à qui doit profiter la nullité de la clause d'association. En principe, les biens compris dans l'association doivent rentrer dans la succession *ab intestat* de l'instituant ; car l'association est une véritable donation, et il n'est pas juste que l'institué prenne la portion que l'instituant n'a pas entendu lui donner personnellement. Il peut arriver, mais par exception, que la nullité de la clause d'association tourne au profit de l'héritier contractuel : c'est lorsqu'il s'évince de l'ensemble de l'acte et des expressions y employées que l'intention réelle du donateur a été de gratifier l'institué de la totalité des biens, si la charge apposée à l'institution ne pouvait point sortir effet. Toutefois, dans le doute, le juge doit se prononcer en faveur de l'héritier *ab intestat : Nemo donare præsumitur.*

IV

L'institution contractuelle peut s'adresser ou aux deux futurs époux à la fois, ou à l'un d'eux seulement. L'article 1082 le prouve lui-même, par le texte de son second alinéa.

L'institution contractuelle peut encore avoir lieu, suivant le même texte, en faveur de l'un des époux ou de tous deux et des enfants, petits-enfants, et autres descendants à naître du mariage.

Quand la loi parle d'enfants à naître du mariage, elle n'entend que les enfants à naître du mariage en contemplation duquel l'institution est faite. De là il suit que l'institution contractuelle n'est pas autorisée en faveur des enfants issus d'un précédent mariage ou à naître d'une union subséquente (Bruxelles, 27 février 1832).

En permettant de faire une institution contractuelle aux descendants à naître du mariage, l'article 1082 déroge à la disposition de l'article 906, 1°, du Code Napoléon, d'après laquelle la capacité de recevoir entre vifs est subordonnée à la vie au moins utérine au moment de la donation. Par conséquent, les enfants à naître, pour profiter d'une libéralité exorbitante du droit commun, doivent être institués dans les conditions indiquées par l'article 1082.

D'après l'ordonnance de 1731 (art. 17), il était permis de faire d'une manière directe une institution contractuelle en faveur des descendants. Le Code Napoléon n'a pas suivi ce système. Suivant l'article 1082, la donation des biens qu'on laissera au jour de son décès n'est autorisée au profit des enfants à naître du mariage « que dans le cas où le donateur survivrait à l'époux donataire. » Il faut donc, de toute nécessité, gratifier en premier ordre et directement les futurs époux ou l'un d'eux : ce n'est qu'en seconde ligne et dans le cas de prédécès de l'époux donataire direct que les enfants à naître peuvent être appelés. Ceux-ci ne peuvent être institués qu'au second degré, comme substitués vulgairement à leurs auteurs, donataires directs et nécessaires au premier degré.

Le système du Code Napoléon est bien préférable à celui de l'ordonnance. Pourquoi permettre d'adresser aux enfants à naître, principalement et à l'exclusion des contractants mariage, une libéralité destinée à faciliter la formation de ce contrat? Ne vaut-il pas mieux que la donation fasse, d'abord et principalement, impression sur la tête des époux et passe ensuite subsidiairement à leur progéniture? Si les futurs n'ont pas la perspective de bénéficier personnellement de l'institution contractuelle, quel faible encouragement pour leur union! D'ailleurs, il faut éviter, autant que possible, de faire aux enfants une fortune particulière et indépendante. A ces considérations, déjà fort puissantes, nous ajouterons, avec Delvincourt, que le système de l'ordonnance, s'il était conservé, pourrait aujourd'hui fournir le moyen de produire indirectement une substitution prohibée, dans le cas où le donateur viendrait à mourir avant la naissance des enfants qu'il aurait institués.

Si l'institution directe au profit des enfants à naître est interdite, ce n'est donc pas parce que ces enfants ne sont pas vus avec faveur par la loi : bien au contraire, ils sont si protégés que l'article 1082 dispose que la donation faite taxativement à l'un des futurs époux ou aux deux futurs en même temps est présumée contenir une espèce de substitution vulgaire au profit des enfants à naître : « Pareille donation, quoique faite au profit seulement des époux ou de l'un d'eux, sera toujours, dans ledit cas de survie du donateur, présumée faite au profit des enfants et descendants à naître du mariage. » Le prédécès de l'époux donataire devrait, d'après les principes ordinaires, produire la caducité de l'institution, puisque celle-ci est un don de succession. Cependant, si l'époux prédécédé laisse des enfants, on présume que l'instituant a entendu les appeler à sa propre succession, au défaut de leur auteur institué. On suppose que l'institution contractuelle ayant eu lieu pour encourager la fondation d'une nouvelle famille, l'instituant a voulu que si l'époux institué ne pouvait point recueillir le bienfait de la donation, son prédécès ne nuisît point à ses descendants et que ceux-ci profitassent de la libéralité. Il y a là une espèce de substitution vulgaire tacite, fondée sur la volonté présumée de l'instituant. Nous disons une espèce de substitution vulgaire ; car les enfants et descendants à naître du mariage ne sont pas de véritables substitués vulgaires. Ils sont appelés à la donation, non pas dans tous les cas où le donataire direct ne peut la recueillir lui-même, mais taxativement dans le cas où le donateur survit au donataire. (*Contrà*, Demante, t. II, n° 493 ; Duranton, n° 702.)

Ainsi le veulent les termes évidemment restrictifs de l'article 1082. Toutefois, il nous semble que ce point de législation est susceptible de réforme. On eût mieux interprété peut-être l'intention de l'instituant en appelant les enfants à naître pour tous les cas où l'époux institué en premier ordre viendrait à faire défaut. L'état actuel de la loi est d'autant plus sujet à critique que, d'après le paragraphe 1er de l'article 1082, l'instituant se trouve dans l'impossibilité d'y remédier, puisqu'il ne peut appeler les enfants à naître à recueillir l'institution, que dans le cas où il survivrait lui-même à l'époux donataire.

V

Cette interprétation légale de la volonté de l'instituant devrait nécessairement s'évanouir, et l'institution contractuelle ne pourrait point s'étendre aux descendants, si l'instituant avait manifesté une telle intention en stipulant que l'institution serait caduque par le prédécès de l'époux donataire, alors même que ce dernier aurait des enfants. On a peine à comprendre comment M. Coin-Delisle, dans son excellent Commentaire sur les donations et testaments, a pu embrasser un avis opposé, surtout en présence des explications topiques fournies par M. Bigot-Préameneu, dans son exposé des motifs : « Dans le cas où les donateurs n'auront pas prévu le cas de leur survie, il sera présumé de droit que leur intention a été de disposer, non-seulement au profit de l'époux, mais encore en faveur des enfants et descendants à naître du mariage. » Il faut voir là-dessus la réfutation présentée par Marcadé, n° 282. Elle est concluante. Le principal argument de M. Coin-Delisle se puise dans les travaux préparatoires. L'article 1082, dit M. Coin-Delisle, se terminait dans le projet par les mots : « si le contraire n'a été exprimé. » Cette restriction a été supprimée ; et on a ajouté au second alinéa de l'article le mot *seulement*. Par conséquent, on a enlevé au donateur le pouvoir de ne pas appeler les enfants, pouvoir que le projet lui accordait. « Mais, répond Marcadé, si l'on avait entendu donner à cette suppression, et surtout à l'addition du mot *seulement*, ce sens rigoureux ; si l'on avait voulu dire que les descendants seraient toujours appelés malgré l'expression formelle d'une volonté contraire, on n'aurait pas pu dire que la donation serait alors *présumée faite* à leur profit, mais bien qu'elle *serait faite* à leur profit. On ne peut présumer que ce qui n'est pas exprimé. Quand le disposant déclare positivement *non*, la loi peut bien dire que ce sera néanmoins *oui*, mais elle ne peut pas dire que le *oui* sera présumé. Il résulte déjà du maintien du mot : *présumé*, que les mots : *si le contraire....* n'ont été retranchés que comme inutiles, et que le mot *seulement* a été ajouté, non pas pour le cas où le disposant aurait positivement déclaré *donner seulement* aux père et mère, en excluant ainsi les enfants, mais pour le cas où il *aurait seulement déclaré* donner aux père et mère, sans parler des enfants. » Cette réfutation, nous le répétons, est péremptoire.

VI

Si l'on reconnaît comme valable la stipulation de la caducité de l'institution par le prédécès de l'époux donataire, il faut valider également la réserve, de la part de l'instituant, de la faculté de distribuer inégalement les biens compris dans l'institution entre les enfants de l'institué, dans le cas où celui-ci viendrait à décéder avant l'instituant. Qui peut le plus peut le moins. Sans doute, il arrivera peut-être qu'un des enfants profitera seul de l'institution. Mais quel inconvénient y a-t-il à ce que l'instituant élise celui qu'il veut gratifier, alors qu'il aurait pu, par la stipulation de la caducité, pure et simple, ne gratifier aucun enfant? En vain M. Grenier objecte encore que « les enfants sont les véritables institués, qu'ils le sont chacun personnellement, leur père ayant prédécédé l'instituant. » Cette assertion est complétement fausse. La réserve stipulée dans le contrat de mariage a précisément pour effet d'empêcher, par le retour de la donation au donateur, que les enfants du donataire soient saisis de l'effet de l'institution. Leurs droits seront en suspens jusqu'à l'événement du choix de l'instituant. Il y a, en leur faveur, vocation, mais vocation éventuelle.

Nous répéterons, à propos de la substitution vulgaire tacite des enfants à naître, ce que nous avons déjà dit sur la substitution vulgaire expresse, à savoir : que la substitution tacite n'a lieu que pour les enfants issus du mariage, en considération duquel l'institution a été faite. Il n'y a pas de faveur à accorder aux enfants des autres lits. Cependant, la Cour de Bourges, dans les motifs d'un arrêt du 19 décembre 1821, tout en reconnaissant en principe que les enfants substitués « sont ceux nés du mariage qui a donné lieu à l'institution, non ceux d'un mariage postérieur, l'instituant étant présumé n'avoir considéré que le mariage auquel il concourt, et les fruits qui pourraient en résulter, » insinue que cette règle reçoit exception au cas où il s'agirait d'une institution faite par un père à ses fils, « parce que ses petits-fils, de quelque mère qu'ils soient nés, sont toujours l'objet de son affection. » Cette dernière raison est de *pur sentiment*. Elle peut être fondée au point de vue des inclinations que la nature a gravées dans le cœur paternel ; mais elle ne suffit pas, nous ne saurions penser autrement, pour légitimer la solution de la Cour de Bourges. La substitution vulgaire, il ne faut pas l'oublier, repose sur l'intention présumée de l'instituant. Or, l'instituant ne donne qu'en considération d'un mariage déterminé et des fruits qui pourront naître de ce mariage. Il ne songe nullement à une nouvelle union. Ne serait-ce pas outre-passer son intention que d'étendre sa libéralité aux enfants qui ont été produits par cette union inattendue?

<h3 style="text-align:center">VII</h3>

Les enfants appelés par substitution viennent, en cas de prédécès de l'époux donataire, *jure suo*, en vertu d'un droit qui leur est propre, qui est né dans leur personne, à la succession donnée par contrat à leur auteur. En effet, ils sont institués d'une manière conditionnelle : sous la condition que l'époux donataire décédera avant l'instituant. Ce prédécès arrivé, ils recueillent l'effet de la donation, comme si elle leur avait été faite directement. Il ne peut être question de transmission héréditaire de l'institué à ses enfants, puisque l'institué n'a pas survécu à l'instituant. *Viventis nulla hæreditas*. (Riom, 4 mars 1822, 2 janvier 1821.)

De là il suit : 1° qu'en cas de prédécès de l'époux institué, ses enfants, lors même qu'ils renoncent à la succession de leur auteur, recueillent l'hérédité de l'instituant.

Cette hérédité, il est important de le remarquer, sera recueillie dans l'ordre ordinaire de dévolution des biens *ab intestat*, par les enfants, petits-enfants, arrière-petits-enfants issus du mariage. En établissant une vocation générale en faveur de toute la descendance de l'institué, le législateur a entendu qu'on appliquât les règles par lui édictées pour les successions. La postérité de l'institué recueillera la succession de l'instituant dans le même ordre dans lequel elle l'aurait recueillie, si elle eût été la descendance particulière de l'instituant. La représentation sera donc suivie; les enfants succéderont par têtes, et les petits-enfants par souches.

2° Que l'institué ne peut point déroger à la vocation de sa postérité, en modifiant les droits dont sont saisis tous ses enfants et descendants. Serait tout à fait nulle la disposition par laquelle l'institué contractuellement choisirait, pour le cas où il viendrait à décéder avant l'instituant, un ou plusieurs de ses descendants, pour profiter, à l'exclusion des autres, de l'institution contractuelle. Au décès de l'institué, tous les enfants succéderaient également à l'instituant, nonobstant la disposition du père et alors même que cette disposition aurait été faite avec le consentement de l'instituant (Toulouse, 3 juin 1825). La substitution tacite est introduite dans l'intérêt de tous les enfants à naître du mariage. Au moment du prédécès de l'institué, elle les saisit irrévocablement d'un droit égal.

VIII

La généralité de la vocation des enfants et descendants à naître du mariage est de l'essence de l'institution contractuelle. Le donateur ne peut pas stipuler qu'en cas de prédécès du donataire, les biens compris dans l'institution appartiendront à l'un des enfants à naître à l'exclusion des autres, ou bien qu'ils seront inégalement partagés entre les substitués. La substitution expresse, émanée du donateur, ne produit ses effets qu'autant qu'elle confirme la substitution tacite émanée de la loi et la reproduit fidèlement. (*Contrà*, Vazeille, n° 5; Dalloz, sect. III, chap. II.)

Remarquons que la généralité de la vocation des enfants à naître est encore de l'essence de l'institution contractuelle, alors même que les enfants à naître se trouvent substitués fidéicommissairement aux époux ou à l'un d'eux. Il en était sans doute autrement sous l'empire de la loi du 17 mai 1826. Mais cette dernière a été abrogée par la loi du 7 mai 1849, qui nous a ramenés au système du droit civil sur les substitutions fidéicommissaires.

IX

L'instituant peut, au moyen d'une substitution fidéicommissaire, assurer l'avenir de la postérité de l'institué, s'il craint que celui-ci ne dissipe les biens compris dans l'institution et s'il se trouve d'ailleurs lui-même au nombre des personnes auxquelles la loi permet exceptionnellement ce genre de disposition. Dans ce cas, l'institué qui survit au donateur est grevé de la charge de conserver jusqu'à son décès la succession à lui donnée et de la rendre, à cette époque, à ses enfants qui en profitent, même dans le cas où ils ne se porteraient pas ses héritiers. Mais, si l'instituant survit à l'institué, la substitution fidéicommissaire est frappée de caducité. Il est vrai qu'on peut empêcher ce résultat en faisant à la fois une substitution fidéicommissaire et une substitution vulgaire au profit des enfants à naître.

<h1 style="text-align:center">X</h1>

Jusqu'ici nous ne nous sommes occupés que des personnes en faveur desquelles l'article 1082 permet l'institution contractuelle. Nous avons supposé ces personnes aptes, d'une manière générale, à recevoir des libéralités, sauf les enfants à naître, qui ne sont capables que par dérogation à l'article 906, 1°. Or, il y a certains individus qui sont incapables de recevoir des donations ou des legs. Ainsi, d'après l'article 3 de la loi du 31 mai 1854, le condamné à une peine afflictive perpétuelle ne peut recevoir ni à titre de donation ni à titre de testament, si ce n'est pour cause d'aliments; et cette incapacité survit même à la libération de la peine. Evidemment, celui qui a subi une pareille condamnation est absolument incapable d'être institué contractuellement.

A quelle époque doit exister la capacité de recevoir une institution contractuelle? Le caractère mixte de ce genre de disposition dicte la réponse. L'institué doit être capable du moment de la donation; car il est investi alors d'un droit irrévocable, celui de succéder à l'instituant. Ce n'est pas tout. L'institué est appelé à recueillir une succession. Il faut donc qu'il soit encore capable au moment où son droit va se réaliser, c'est-à-dire au décès du donateur. Nous croyons donc que M. Riché, auteur du Rapport sur la loi du 31 mai 1854, a exprimé une opinion erronée, lorsqu'il a dit : « Quant aux donations faites par contrat de mariage à celui qui aurait été condamné depuis, elles seront exécutées, même les institutions contractuelles. » Cela ne serait vrai que si, à l'ouverture de l'institution contractuelle, l'incapacité de recevoir à titre gratuit avait été effacée par la réhabilitation ou levée par le gouvernement (art. 4, *ibid.*) : *Media tempora non nocent*.

XI

Nous avons eu plusieurs fois l'occasion de dire que l'institution contractuelle est une exception au droit commun (art. 1130, 935), et qu'elle n'est, par conséquent, autorisée qu'autant qu'elle est faite suivant les conditions constitutives que la loi indique. Ce principe trouve encore son application en ce qui touche les formes de l'institution contractuelle. L'article 1082 ne permet l'institution contractuelle que par contrat de mariage. La rubrique du chapitre VIII du titre des donations entre vifs et des testaments est ainsi conçue : « Des donations faites, *par contrat de mariage*, aux époux et aux enfants à naître du mariage. » Donc l'institution contractuelle n'est valable que si elle est faite par le contrat de mariage de la personne qu'elle concerne, ou par un acte authentique annexé au contrat de mariage, acte qui reste inséparable du contrat proprement dit et soit censé en faire partie.

Cette solution n'est point acceptée par Merlin (*Répertoire*, vº INSTITUTION CONTRACTUELLE, § 3 ; *Questions de droit*, vº REMPLOI, § 4), ni par Toullier (t. V, nº 830) et Grenier (nº 426). Ces auteurs pensent qu'il ne faut pas entendre trop à la lettre les termes : *par contrat de mariage*, et que, dès là surtout que le législateur permet de faire jusqu'à la célébration du mariage des changements ou contre-lettres aux conventions matrimoniales, on ne saurait, sans blesser l'esprit de la loi, annuler une donation de biens à venir qui serait faite, en faveur et contemplation du mariage, antérieurement à la célébration, par un acte authentique distinct du contrat de mariage.

Mais il ne s'agit pas ici d'une modification ordinaire, d'une disposition additionnelle pure et simple. Il s'agit, il ne faut pas l'oublier, d'une addition contraire au droit commun. Or, les auteurs que nous venons de citer ne se préoccupent nullement de ce point de vue. Ils négligent le caractère exceptionnel de l'institution contractuelle ; c'est pourtant ce caractère de dérogation de l'institution contractuelle qui empêche d'aller au delà des termes de la loi. En dehors du contrat de mariage, l'institu-

tion contractuelle se trouve nulle, comme donation de biens à
venir, d'après l'article 943.

C'est en conformité de ce principe que la Cour de Nîmes
(8 janvier 1850) a jugé que la nullité du contrat de mariage
renfermant une institution contractuelle entraîne la nullité de
l'institution contractuelle elle-même : le contrat de mariage
étant nul, l'institution contractuelle qui y est contenue ne peut
être réputée faite par contrat de mariage.

XII

L'institution contractuelle n'est point soumise à la nécessité
de l'acceptation solennelle dont l'article 932 du Code Napoléon
fait une loi dans les donations ordinaires. L'article 1087 dispose :
« Les donations faites par contrat de mariage ne pourront être
attaquées, ni déclarées nulles, sous prétexte de défaut d'acceptation. » L'accomplissement du mariage équivaut à une acceptation. Le législateur, voulant favoriser les libéralités faites par
contrat de mariage aux époux et aux enfants à naître, devait
exempter ces libéralités de toutes les difficultés et entraves qu'il
avait introduites à cause de la défaveur des donations en général. Pourquoi subordonner à une formalité rigoureuse la validité d'une disposition qui sert d'encouragement à l'union des
époux et de première assise à la fortune de la famille? En outre, l'acceptation réelle et définitive de l'institution ne peut
avoir lieu qu'après le décès de l'instituant. Jusqu'à cette époque, l'institué ne saurait accepter que d'une manière provisoire.

XIII

L'institution contractuelle peut être faite longtemps avant la
célébration du mariage, pourvu qu'elle soit faite par contrat de
mariage. Mais il est de toute nécessité que le mariage ait lieu.
« Toute donation faite en faveur du mariage sera caduque, si
le mariage ne s'ensuit pas » (art. 1088 C. Nap.). Le non-accom-
plissement du mariage frapperait donc de caducité l'institution contractuelle. L'annulation du mariage produirait le même
effet.

La célébration du mariage est la condition de l'institution.

Mais pour que cette condition empêche la caducité de l'institution contractuelle, il n'est pas nécessaire qu'elle se réalise du vivant de l'instituant. La mort de celui-ci, survenue dans l'intervalle qui sépare les conventions matrimoniales du jour de la célébration, n'exercerait aucune influence sur l'institution. Car on peut, en principe, donner sous une condition qui ne s'effectue qu'après la mort du donateur. Le mariage, en s'accomplissant, produira un effet rétroactif au jour du contrat de mariage.

<h2 style="text-align:center">XIV</h2>

La formalité de la transcription n'est point nécessaire pour les institutions contractuelles (art. 939 C. Nap.; loi du 23 mars 1855, art. 1, § 1, et art. 2 du dernier paragraphe). La transcription n'est requise que pour les actes purement entre vifs, translatifs de propriété. Or, l'institution contractuelle constitue une disposition mixte qui participe de la donation à cause de mort. Il n'y a point lieu de sauvegarder l'intérêt des tiers qui voudraient traiter avec l'instituant, puisque celui-ci reste maître d'hypothéquer et d'aliéner à titre onéreux les biens compris dans l'institution. Par conséquent, la transcription, outre qu'elle serait difficile à faire, ne présenterait que fort peu d'utilité. (Cass., 31 janvier 1832; Pau, 2 janvier 1827.)

C'est le même genre de considérations qui doit porter à décider que l'institution contractuelle n'est point soumise, pour les objets mobiliers, à l'annexe de l'état estimatif, qui, d'après l'article 948, doit être joint à la minute de la donation d'effets mobiliers. L'institution contractuelle n'est pas irrévocable, eu égard à l'émolument qu'elle produit : elle n'est irrévocable qu'eu égard au titre qu'elle assure.

Plusieurs personnes pourraient-elles, dans le même contrat de mariage, disposer conjointement, à titre d'institution contractuelle, en faveur des mêmes époux? L'article 968 dispose qu'un testament ne pourra être fait dans le même acte au profit d'un tiers par deux ou plusieurs personnes. Au contraire, les donations conjonctives, d'après ce qui résulte de l'article 960, ne sont pas interdites par le Code Napoléon. Cette différence est fondée sur la diversité qui sépare les effets de la donation entre vifs de ceux du testament. Le donateur se dépouille actuellement et irrévocablement : le testateur ne dispose que pour le temps où il ne sera plus. Celui-ci est plus accessible aux suggestions ; celui-là est retenu par les résultats actuels de sa disposition. De quel côté rangerons-nous l'institution contractuelle? Evidemment, il faut la soumettre au même principe que la donation entre vifs. L'instituant abdique le droit de faire un testament et de donner entre vifs les biens renfermés dans l'institution : il se dépouille présentement et irrévocablement dans une certaine mesure. Il a moins à craindre les surprises et les suggestions d'autrui que s'il faisait un testament proprement dit, son intérêt actuel le met suffisamment en garde. Par conséquent, l'article 968 ne doit point s'appliquer à l'institution contractuelle.

<h1 style="text-align:center">XV</h1>

Suivant l'article 1082, les biens qui peuvent être donnés par institution contractuelle sont la totalité ou une partie seulement des biens que l'instituant laissera au jour de son décès.

« Tout ou partie, » par conséquent, soit l'universalité, soit une quote universelle des biens du disposant, soit enfin un objet singulier à prendre dans sa succession.

L'institution contractuelle est, en effet, un testament irrévocable. L'instituant doit avoir, pour disposer de ses biens par contrat, la même latitude, les mêmes facilités qu'il aurait pour en disposer par testament. Il pourrait faire un legs à titre particulier : il doit avoir la liberté de faire une institution contractuelle à titre particulier également.

M. Duranton (t. IX, n° 676) pense, au contraire, que la donation de biens à venir par contrat de mariage n'est régulière que si elle comprend au moins une partie aliquote de la succession du donateur, en sorte que l'on pourrait donner toute sa succession, ou la moitié, le tiers, le quart, le cinquième de sa succession, sans pouvoir donner une somme déterminée ou tel bien particulier.

M. Duranton restreint ainsi arbitrairement la portée naturelle des expressions de l'article 1082 : « tout ou partie. » La disposition d'une partie des biens s'entend également et d'une disposition à titre universel et d'une disposition à titre particulier. Peu importe la dénomination d'*institution contractuelle* consacrée par l'ancien droit. Il n'y a plus aujourd'hui d'institution d'héritier. Comment, dès lors, conclure de l'ancien droit au Code Napoléon? D'ailleurs, d'après le droit commun, la donation d'une somme d'argent, payable au décès du donateur, est parfaitement valable. Pourquoi ne le serait-elle pas quand elle est faite par contrat de mariage, en contemplation du mariage, et pour assurer au donataire un droit de priorité sur des légataires ou des donataires postérieurs? (Cass., 22 nivôse an X; Bordeaux, 5 juillet 1839; Pau, 16 janvier 1838.)

Il est vrai que si la donation a pour objet une somme à prendre sur les biens que le donateur laissera à son décès, ou un objet déterminé, comme bien à venir, en tant qu'il se trouvera dans la succession du donateur, elle ne présente pas le caractère d'irrévocabilité que la loi exige pour la validité des donations ordinaires et est frappée de nullité par les articles 894 et 943 du Code Napoléon [1]. Mais une pareille disposition n'est-elle pas

---

[1] M. Rodière, dans des observations insérées au *Journal du Palais* (1855, t. II, p. 337), penche, au contraire, pour la validité de la donation d'une somme déterminée à prendre sur les valeurs mobilières et immobilières les plus claires de la succession du donateur, au choix du donataire. Quel que soit le respect que nous professons pour les opinions émanées de ce savant jurisconsulte, nous ne pouvons nous empêcher d'exprimer ici notre dissentiment. Au demeurant, M. Rodière peut être combattu avec ses propres armes. Nous admettons avec lui que « dans une législation perfectionnée comme la nôtre, on doit rechercher la nature d'un acte moins dans ses effets extérieurs, et pour ainsi dire matériels, que dans les profondeurs de la volonté humaine, seule cause génératrice de toutes les obligations conventionnelles; qu'à ce point de vue un homme a fait une donation entre vifs dès que, dans la forme légale, il s'est constitué débiteur de n'importe quelle valeur, vis-à-vis de son donataire, et que le donataire par contre est devenu son créancier...; qu'il est indifférent qu'il y ait alors dans l'obligation une condition quelconque, ou qu'il n'y ait pas dans l'obligation un terme certain ou incertain, ou bien une condition, pourvu que la condition ne soit pas potestative, parce que les termes et les modalités ne tiennent pas à l'essence du lien; que si, au contraire, le donateur n'a nullement entendu s'obliger, s'il a voulu conserver une liberté complète dans la disposition de ses biens, l'acte qu'il aura consenti, quelle qu'en soit la forme, ne saurait être un don entre vifs. » Nous adoptons tout à fait ces principes. Mais nous demandons si le prétendu donateur s'est réellement obligé, en promettant une certaine somme à prendre sur les valeurs les plus claires de sa succession; nous demandons s'il s'est constitué débiteur irrévocablement, ou plutôt s'il n'est pas resté maître de rendre sa libéralité illusoire, en dissipant son patrimoine, s'il ne s'est pas réservé indirectement

autorisée par l'article 947 en faveur des unions conjugales? ne doit-elle pas produire son plein et entier effet, quand elle s'adresse aux époux et à leur descendance? Dans ce cas, les personnes appelées par contrat de mariage à recueillir la somme ou l'objet donné sont saisies irrévocablement du droit de la prendre dans la succession du donateur, si les forces d'icelle le comportent. Ainsi, il a été jugé par la Cour de cassation, le 1er mars 1821, que la clause d'un contrat de mariage par laquelle « les père et mère du futur lui assurent et lui donnent, dès à présent, en la meilleure forme que la donation puisse être, 150,000 francs à prendre dans leurs successions et avant tout partage, » était valable, et que par suite les donateurs n'avaient pu disposer de leurs biens à titre gratuit, au préjudice de cet engagement (voir encore Cass., 15 juillet 1835; Metz, 5 août 1819).

XVI

L'institution contractuelle n'est qu'un don, une assurance irrévocable de succession. Le donataire qui est institué contractuellement a un droit de succession assuré par contrat sur tout ou partie des biens que l'instituant laissera à son décès. Le donateur qui institue, ne promettant que ce qu'il laissera à sa mort, ne se dépouille pas actuellement. Il conserve la possession, l'administration et la jouissance des biens compris dans l'institution. Il en conserve également la propriété.

Toutefois, la propriété de l'instituant se trouve modifiée par les restrictions apportées à son droit de disposition. En effet, l'instituant peut bien aliéner à titre onéreux les choses données, les hypothéquer, les grever de servitudes, etc.; mais il lui est interdit d'en disposer à titre gratuit, à moins qu'il ne s'agisse de libéralités modiques. C'est ce qu'établit formellement l'article 1083, ainsi conçu : « La donation, dans la forme portée au précédent article, sera irrévocable, en ce sens seulement que le donateur ne pourra plus disposer à titre gratuit des objets compris dans la donation, si ce n'est pour sommes modiques, à titre de récompense ou autrement. »

le moyen d'anéantir la libéralité ; en un mot, s'il ne s'est pas obligé sous une condition potestative ! L'article 894 du Code Napoléon s'oppose donc, en droit commun, à la validité d'une semblable donation.

Voilà pourquoi, en parlant des institutions contractuelles, M. Jaubert disait : « La loi précise avec soin la nature et les effets de ces sortes de dispositions. Il faut distinguer le titre et l'émolument. Le titre est irrévocable : l'auteur de la disposition ne pourra plus disposer à titre gratuit, si ce n'est pour sommes modiques, à titre de récompense ou autrement. Mais, quant à l'émolument, il ne pourra être véritablement connu qu'au décès, puisque jusqu'alors l'auteur de la disposition conserve le droit d'aliéner à titre onéreux. » Pothier avait exprimé le même principe, lorsqu'il écrivait : « L'effet de l'institution contractuelle, en tant qu'elle est clause d'un contrat de mariage, est que l'instituant n'y peut donner aucune atteinte. Mais il n'est pas censé y donner atteinte, en aliénant et engageant sans fraude les biens par contrat entre vifs. » Ainsi, jusqu'au décès de l'instituant, le donataire n'a qu'une espérance, une expectative. La donation ne porte sur rien de fixé, sur rien de déterminé. L'émolument à recueillir suit les diverses péripéties de la fortune de l'instituant : aujourd'hui considérable, il peut être réduit à zéro demain, et réciproquement. Il n'y a d'irrévocable que le titre, la qualité d'héritier, le droit *in abstracto* de succession. Voilà la seule chose positive, certaine ; voilà ce qui place l'héritier contractuel à peu près dans le même état que l'héritier *ab intestat* en ligne directe. M. Troplong constate en ces termes ce rapprochement : « Le disposant, en effet, lui a assuré des droits presque semblables à ceux que les enfants ont sur le patrimoine paternel. Par une sorte d'adoption successorale, le contrat consacre pour lui le même engagement que la nature et la loi sanctionnent pour les premiers. Si les enfants doivent se tenir pour satisfaits d'une simple expectative qui, tout en étant pour eux une sorte de certitude, se concilie cependant avec le droit de propriété conservé au père, pourquoi l'héritier contractuel serait-il considéré comme plus mal traité, parce que l'instituant n'abdique pas pour lui ses droits actuels de maître de la chose ?... Même l'institué est dans une position bien meilleure que l'enfant ; car le père peut donner ses biens dans la proportion de la quotité disponible, et l'instituant ne le peut pas. »

Ainsi fixés sur les principes, nous allons aborder les cas d'application particulière.

XVII

Puisque le droit de succession est seul l'objet de l'institution contractuelle, quel effet produit cette disposition en faveur de l'institué, durant la vie de l'instituant? L'héritier en ligne directe ne peut ni renoncer à son droit, ni l'aliéner avant qu'il se soit ouvert (art. 791, 1138, 1600 C. Nap.). En est-il de même de l'héritier contractuel?

L'affirmative a été jugée par arrêt de la Cour de Lyon du 16 janvier 1838. Voici dans quelles circonstances : Les époux Jautet avaient, par contrat de mariage du 8 novembre 1808, fait donation à la demoiselle Reydellet, leur future bru, du quart de leurs successions, pour le cas où leur fils Jautet prédécéderait sans enfants. Jautet fils prédécède sans enfants. Le 24 avril 1829, des accords intervinrent entre les époux Jautet et la demoiselle Reydellet. Il fut convenu que l'instituée renoncerait au bénéfice de la donation contractuelle moyennant l'attribution à forfait que les Jautet père et mère lui consentaient, sous réserve d'usufruit, de trois parcelles de pré, objet déterminé destiné à remplacer la quotité éventuelle donnée par contrat de mariage. C'est cette convention que la Cour de Lyon frappa de nullité, par arrêt du 16 janvier 1838. Comme les considérants de cette décision tranchent péremptoirement la question qui nous occupe, nous croyons utile d'en rapporter quelques fragments : « Attendu que cette renonciation à des droits éventuels, dans des successions alors non ouvertes, est prohibée par les articles 791, 1130 et 1600 du Code Napoléon ; que, par leur généralité, ces articles embrassent tous les cas où un pacte a pour objet des droits dans une succession future ; que cette prohibition a été dictée d'abord par une considération applicable à tout pacte de ce genre, et parce qu'il s'y présente toujours une triple incertitude sur la vie de l'héritier présomptif, sur l'époque à laquelle la succession s'ouvrira, sur la valeur qu'aura la succession ; qu'indépendamment de ce motif général et outre les raisons spéciales puisées soit dans le caractère immoral et dangereux que présente un tel traité, lorsqu'il est fait entre l'héritier présomptif et un étranger, soit dans le trouble que ce traité apporterait à l'ordre légal des successions et à l'égalité dans les partages, lorsqu'il intervient entre les parents successibles d'après la loi, un motif particulier l'a fait interdire, lorsqu'il intervient entre celui de la succession duquel il s'agit et son héritier, par la présomption que le consentement de l'héritier n'a pas été complétement libre, et a dû être entraîné par la crainte d'être frustré du bénéfice de son expectative : *consensus hæredis, vivo testatore, videtur extortus et non valet* (Dumoulin, sur Auvergne)...; que, s'il est vrai que la disposition autorisée par les articles 1082 et 1083 du Code Napoléon est elle-même une stipulation qui se réfère à une succession future, on ne saurait en conclure qu'il soit permis d'y déroger par des stipulations du même genre; que ces traités postérieurs ne sont plus protégés par la loi et ne trouvent plus la raison de leur existence dans la faveur due et accordée aux seuls contrats de mariage. »

Le sieur Jautet père se pourvut en cassation contre l'arrêt de la Cour de Lyon. Dans le sens du pourvoi, on disait que les articles 791, 1130 et 1600 ne se réfèrent qu'aux successions légales, aux successions *ab intestat;* que cela est prouvé suffisamment par la place qu'occupent ces articles dans le Code ; que le motif qui a dicté la prohibition des pactes sur succession future ne s'applique pas aux institutions contractuelles ; que, dans tous les cas, cette prohibition ne pouvait jamais avoir trait aux conventions intervenues entre l'instituant et l'institué.

Contre le pourvoi, on soutenait que les articles 791, 1130 et 1600 ont en vue d'une manière générale tous les cas où il s'agit de droits éventuels dans des successions non ouvertes; que les mêmes motifs servent de base à la prohibition des pactes successoires, soit que le droit de succéder prenne sa source dans la loi, soit qu'il prenne sa source dans la volonté de l'homme ; qu'il importe peu que le traité soit passé entre l'instituant et l'institué, puisque, aux termes de l'article 1130, la nullité des pactes sur succession non ouverte ne reçoit pas d'exception, lorsque ces pactes ont été faits avec le consentement de celui de la succession duquel il s'agit.

Aussi la Cour de cassation (16 août 1841) rejeta-t-elle le pourvoi, en confirmant les motifs de l'arrêt de la Cour de Lyon. Elle y ajouta seulement cette raison : « Attendu qu'autoriser des modifications aux donations par contrat de mariage, au moyen de conventions entre le donateur qui a ainsi disposé d'une partie de sa future succession et le donataire institué, ce serait exposer la paix des familles, en ouvrant de part et d'autre l'espérance de pactes postérieurs, en livrant aux discussions et à l'incerti-tude des volontés réciproques les conditions déjà solennellement arrêtées, auxquelles la loi a voulu attacher un caractère de fixité, et sur la foi desquelles a été contracté le mariage. »

Il faut donc tenir pour constant que l'institué ne peut, du vivant de l'instituant, renoncer au droit de succession résultant pour lui de l'institution. Si une pareille renonciation a lieu, l'institué est recevable, après l'ouverture de l'institution contrac-tuelle, à en demander la nullité, soit que cette renonciation soit pure et simple, soit qu'elle s'opère en échange d'un bien ac-tuellement déterminé.

De là il suit que si l'instituant fait à un tiers une donation qui excède les limites tracées par l'article 1083, l'institué ne peut rendre efficace cette aliénation à titre gratuit, en intervenant dans l'acte pour y donner son consentement. Une telle appro-bation, fournie avant le décès du disposant, serait une véritable renonciation à un droit dépendant d'une succession non ou-verte. Or, le législateur a défendu cette renonciation (art. 791, 1130). Celui qui a fait une institution contractuelle se trouve donc lié par l'article 1083 d'une manière irrévocable et malgré l'acquiescement de l'institué à des dispositions que cet article interdit.

XVIII

L'instituant peut, à volonté, vendre, échanger, aliéner à titre onéreux, contracter des dettes et hypothèques. Il peut, comme un propriétaire ordinaire, se servir de son bien pour faire mar-cher ses affaires. Ainsi que le disait Loisel, « reconnaissance générale du principal héritier n'empêche qu'on ne puisse s'aider de son bien. » L'article 1083, dans le projet du Code, se terminait par cette disposition : « Le donateur conserve jusqu'à sa mort la liberté entière de vendre et d'hypothéquer, à moins qu'il ne se la soit formellement interdite en tout ou en partie. » Dans la rédaction définitive, cette addition fut effacée comme inutile. On se borna à en conserver la substance dans le contexte du paragraphe précédent. En effet, il résulte des termes mêmes de notre article 1083 que l'irrévocabilité de l'institution n'empêche pas l'instituant d'aliéner à titre onéreux. Le système du droit coutumier se trouve ainsi consacré par le Code Napoléon.

Les dispositions à titre onéreux ne sont permises à l'instituant que si elles sont exemptes de fraude. Il ne suffit donc pas, pour que les aliénations de cette nature soient confirmées, qu'elles soient revêtues de la forme d'un contrat à titre onéreux ; il faut encore qu'elles en aient tous les caractères, qu'elles ne renferment aucune fraude, aucune simulation. Sans cela, l'instituant pourrait faire indirectement ce que la loi ne lui permet pas de faire directement : il pourrait cacher une libéralité sous la forme fallacieuse d'un contrat de vente. Les tribunaux doivent avoir une grande latitude pour apprécier les circonstances qui ont précédé, entouré et suivi l'acte intervenu, et pour en prononcer la nullité, si les circonstances révèlent une fraude évidente et bien caractérisée aux droits de l'institué. En pareil cas, il faudrait appliquer les règles de l'action paulienne. Ainsi, le préjudice occasionné à l'institué, *eventus damni*, ne suffirait pas pour amener l'annulation d'une vente consentie par l'instituant à un tiers, s'il ne résultait pas en outre des faits que cet acte est simulé et ne renferme qu'une pure libéralité (Cass., 5 novembre 1806). Ainsi encore le donataire qui demanderait la nullité d'une pareille vente serait obligé d'établir qu'il y a un concert frauduleux entre l'instituant et l'acheteur, *consilium fraudis*, de part et d'autre.

L'instituant a le droit de vendre un immeuble à charge de rente viagère (Riom, 4 décembre 1810) ; d'établir des servitudes sur les fonds compris dans l'institution contractuelle (Cass., 20 décembre 1825). L'institué est obligé de respecter ces actes, s'ils sont exempts de mauvaise foi.

XIX

L'instituant ne pourrait pas, postérieurement au contrat de mariage, rendre plus rigoureuse sa situation, en convenant avec le donataire qu'il s'interdit la faculté d'aliéner à titre onéreux tout ou partie des biens, dont l'article 1083 ne lui enlève que la disposition à titre gratuit. Cette convention serait condamnée par l'article 1130 comme renfermant une stipulation sur une succession future. Ce serait une donation ayant pour objet des biens à venir. Or, une telle disposition n'est pas valable en dehors du contrat de mariage. C'est par application de ce principe qu'un jugement du tribunal civil de Moulins, confirmé par la Cour de Riom, le 4 décembre 1810, a frappé de nullité la convention par laquelle un enfant institué contractuellement par son père avait stipulé, dans le contrat d'un second mariage contracté par celui-ci, qu'il ne pourrait point aliéner ses immeubles au préjudice de l'institution contractuelle par lui précédemment faite.

Mais nul doute que, dans l'acte même de l'institution contractuelle, le donateur ne puisse valablement renoncer à la faculté de vendre ou de disposer à titre onéreux des biens compris dans l'institution, sans le consentement de l'institué. Nous avons déjà vu que la première rédaction de l'article 1083 en renfermait une disposition expresse : « ... Le donateur conserve jusqu'à sa mort la liberté entière de vendre et d'hypothéquer, à moins qu'il ne se la soit formellement interdite en tout ou en partie. » Si cette règle ne fut point conservée dans la rédaction dernière du Code, ce n'est pas parce que le législateur refusa de la consacrer, mais parce qu'il la considéra comme une superfétation. Il n'y a donc rien à conclure du silence de l'article 1083. La convention dont nous parlons n'a rien de contraire aux bonnes mœurs ni à la loi. Pourquoi l'instituant ne serait-il pas lié par une obligation qu'il s'est imposée librement, dans les conventions matrimoniales incommutables de l'institué ? — Et notons bien que l'institué qui demandera, après le décès du donateur, la nullité des aliénations consenties à son préjudice ne pourra pas être repoussé par la fin de non-recevoir tirée de la maxime : *Quem de evictione tenet actio, eumdem agentem repellit exceptio*. S'il en était autrement, la clause ajoutée à l'institution contractuelle serait illusoire et inefficace (Toulouse, 18 janvier 1820).

Lorsque l'instituant s'interdit la faculté de disposer à titre onéreux des biens qu'il possède au moment de l'institution, il fait plutôt une donation cumulative de biens présents et à venir qu'une donation pure de biens à venir. C'est pourquoi sa libéralité devra être régie par l'article 1084, si on a annexé à l'acte un état des dettes et charges du donateur, et si, dans le cas où les biens présents seraient des effets mobiliers, on en a dressé un état estimatif, conformément à l'article 948 du Code Napoléon.

M. Coin-Delisle va plus loin. D'après lui, la clause en question, quoique conçue d'une manière générale, doit toujours être considérée comme ne portant que sur les biens présents, de telle sorte qu'elle ne peut constituer que la donation cumulative de biens présents et à venir.

Nous pensons avec Marcadé (nº 293) que « cette idée devra être suivie toutes les fois qu'il sera possible de croire que le donateur n'a entendu s'interdire le droit de disposition que pour les biens présents. Mais si la clause porte évidemment sur les biens futurs comme sur les biens présents; si le disposant a formellement déclaré donner tous ses biens présents et à venir, en renonçant à en aliéner jamais aucun, il est bien clair que la clause ne pourrait rentrer dans aucun de nos articles et qu'elle tomberait sous le principe de nullité de l'article 1130.

<h2 style="text-align:center">XX</h2>

L'instituant ne peut plus disposer à titre gratuit des objets compris dans la donation. L'article 1083, en limitant ainsi les droits de l'instituant, ne fait que se conformer à son intention. Il est bien certain que celui qui dispose à titre gratuit et d'une manière irrévocable des biens qu'il laissera à son décès renonce à la faculté d'en disposer de nouveau par donation ou par testament.

Ainsi, celui qui a fait une institution contractuelle de tous les biens qu'il laissera à son décès ne peut plus, au préjudice de cette institution, disposer de ses biens à titre universel. Une semblable donation est nulle pour le tout, sans que le juge puisse la réduire à une somme modique (Senlis, 4 février 1812; Bordeaux, 14 pluviôse an IX; Rouen, 24 mai 1841). L'instituant abdique d'une manière absolue la faculté de disposer d'une partie aliquote de la succession.

Ainsi encore, celui qui a fait une institution contractuelle ne peut pas faire ultérieurement, au préjudice de l'institué, une donation de biens présents d'une certaine importance, même par contrat de mariage et à titre de constitution de dot (Lyon, 28 février 1855). En effet, « si la dot est le bien que la femme apporte au mari pour supporter les charges du mariage, et si, sous ce point de vue, elle emprunte l'apparence d'un contrat à titre onéreux, elle n'en est pas moins une donation véritable, puisque, considérée dans son origine, elle procède de la libéralité du constituant. — A la vérité, elle est grevée d'une affectation spéciale; mais cette circonstance ne change point sa nature, de même qu'une donation conserve ce caractère, quoiqu'elle soit accompagnée de conditions qui en diminuent les avantages. »

Mais les libéralités modiques sont permises à l'instituant : « si ce n'est pour sommes modiques, à titre de récompense ou autrement. » Il aurait été trop rigoureux d'enlever à celui qui assure sa succession le droit de faire quelques donations ou legs de peu d'importance pour accomplir un devoir de gratitude ou d'affection. C'eût été détourner les donateurs de dispositions que la loi favorise pour encourager au mariage.

Il est essentiel de tenir compte des expressions de l'article 1083 : « si ce n'est pour sommes modiques, à titre de récompense ou autrement. »

De là il résulte que la libéralité faite par l'instituant, quoique non rémunératoire, est valable, si elle ne dépasse pas les bornes d'une disposition modique. La Cour de Paris s'est évidemmen trompée en décidant, par arrêt du 23 août 1847, que l'instituant ne conserve la faculté de disposer à titre gratuit qu'en tant qu'il s'agit de legs essentiellement rémunératoires. Le texte de la loi n'amène pas cette conséquence. Il est conçu d'une manière très-vague; et, s'il parle de dons rémunératoires, ce n'est qu'à titre d'exemple.

S'il importe de ne pas négliger les termes dont se sert le législateur, il ne faut pas non plus se plier servilement à la lettre, interpréter judaïquement le texte. L'article 1083 énonce seulement la disposition de *sommes* modiques. Qui ne comprend que le mot : *sommes.* est ici synonyme de : *valeurs ?* L'instituant pourrait donc donner un immeuble ou un corps certain quelconque, aussi bien qu'une quantité. Une seule condition est requise : c'est la modicité de la donation.

Cette condition est essentielle. La loi n'a pas pu la régler d'une manière générale et invariable. La fortune plus ou moins grande de l'instituant, l'étendue du don ou du legs, comparées, sont les seuls éléments qui peuvent faire connaître s'il y a exagération. C'est une question de fait pour laquelle les tribunaux doivent jouir d'un pouvoir discrétionnaire d'appréciation.

Un père, en mariant un de ses enfants légitimes, le gratifie par contrat de mariage de la quotité disponible. Plus tard, il fait à une concubine un legs de la somme de 3,000 francs. Cette dernière disposition doit-elle recevoir son effet? La Cour de Riom a décidé la négative, le 4 août 1820, en s'appuyant sur les faits et circonstances de la cause. Voici, en effet, une partie des motifs de l'arrêt : « Attendu que l'on ne peut considérer le legs de 3,000 francs comme un de ces legs modiques faits à titre de récompense dont il est parlé dans l'article 1083; que tout indique, et surtout en comparant le legs à la fortune du testateur et au nombre de ses enfants, que le testateur a entendu exercer une libéralité; mais considérant que cette libéralité était nulle, dès que le testateur avait disposé de toute la partie disponible de ses biens, etc. »

De même la Cour de Besançon a jugé, le 19 frimaire an XIV, que si un individu, après avoir institué contractuellement un de ses enfants, convole à de secondes noces, et fait au profit de sa nouvelle épouse une donation d'usufruit ou de pension viagère, la question de savoir si cette donation doit être maintenue dépend de l'importance de la succession et des revenus du donateur.

XXI

Le pouvoir de disposition de l'instituant est nettement défini par l'article 1083. Si le donateur conserve toute latitude pour l'administration et l'aliénation à titre onéreux, il se trouve gêné pour l'aliénation à titre gratuit, qui ne peut comprendre que des valeurs modiques... C'est pourquoi l'usage a introduit une stipulation dont l'effet est d'étendre la liberté du donateur en ce qui touche les donations et les legs. Nous voulons parler de la clause de réserve.

L'instituant peut se réserver un objet déterminé. Alors l'institution contractuelle ne comprend pas cet objet. Le donataire n'y a aucun droit. Si l'instituant meurt sans en avoir disposé, ses héritiers *ab intestat* en profitent. Mais ce n'est pas de cette espèce de réserve qu'il s'agit en ce moment.

L'instituant peut se réserver la faculté de disposer d'un bien, ou d'une somme à prendre sur les biens donnés. Dans ce cas, l'institution ne se trouve pas limitée de telle sorte que l'objet de la faculté réservée en soit exclu. Loin d'être excepté de l'institution, l'objet dont on s'est réservé la libre disposition s'y trouve renfermé : il est seulement subordonné à la liberté de disposition de l'instituant.

De là il suit que si l'instituant décède avant d'avoir disposé de la chose réservée, cette chose revient au donataire et non aux héritiers du sang (art. 1086 C. Nap.), alors même que l'instituant aurait, dans l'acte même de donation, gardé le silence à cet égard. La nature de la réserve implique, à elle seule, que la chose réservée doit appartenir au donataire, si le donateur n'en dispose pas.

Lorsque l'instituant fait une donation à un tiers, au moyen de la chose réservée, il exécute purement et simplement la condition sous laquelle l'institution contractuelle a été consentie. Or, une donation faite en exécution de l'institution contractuelle ne saurait être considérée comme faite en fraude de cette institution. L'institué ne serait donc pas recevable à en demander la nullité.

La même solution devrait être adoptée alors même qu'à la donation de l'objet particulier compris dans la réserve de disposer, viendraient se joindre des ventes et aliénations successives, ayant pour effet d'annihiler l'institution contractuelle. Car, s'il est vrai que la clause de réserve donne à l'instituant un pouvoir qu'il n'aurait pas dans l'état ordinaire des choses, il n'en est pas moins certain qu'elle ne lui fait pas perdre les droits que le droit commun lui confère (Riom, 15 novembre 1819).

C'est pourquoi M. Grenier est dans l'erreur quand il prétend (n° 414) qu'en fait de disposition à titre gratuit l'instituant ne peut aller au delà de la réserve, qu'il s'est imposé une loi à lui-même, et que cette loi est devenue le taux des libéralités qu'il pourrait faire. Une semblable interprétation heurte, selon nous, le véritable but de la clause de réserve. Si l'instituant, en se réservant la faculté de disposer d'un objet particulier, n'a pas manifesté d'une manière précise l'intention de ne rien donner au delà de cet objet, il est censé ne pas avoir voulu se lier les mains pour le surplus : la réserve ne lui interdit pas de donner dans les limites ordinaires, c'est-à-dire de disposer de valeurs modiques, à titre de récompense ou autrement.

Celui qui fait une institution contractuelle mérite, à coup sûr, de la part des personnes qu'il gratifie, de la reconnaissance et des égards. Quand il fait une réserve de disposer, il serait injuste d'interpréter cette clause dans un sens strict et sévère.

Aussi la jurisprudence, appelée à apprécier les actes faits en vertu de la réserve, a-t-elle essayé d'accommoder l'intérêt des donataires avec la liberté du donateur.

Ainsi la Cour de cassation a jugé, le 26 mars 1845, que si un père, en instituant contractuellement ses enfants, s'est réservé la faculté d'attribuer à sa femme, en cas de survie, l'usufruit de la moitié des biens donnés, et lui a légué ensuite la faculté d'opter entre cet usufruit et une rente annuelle et viagère, cette conversion rentrait complétement dans le pouvoir de l'instituant, pourvu, d'ailleurs, que la rente substituée à l'usufruit fût équivalente à ce même usufruit et correspondît aux forces de la succession. L'intérêt est la mesure des actions. Quel intérêt les enfants donataires auraient-ils à discuter le legs, à fouler aux pieds la volonté de leur bienfaiteur?

Que si, en se réservant la libre disposition d'un objet compris dans l'institution, le donateur indique le motif de cette réserve, exprime l'usage qu'il se propose d'en faire ou bien la personne qu'il a le dessein de gratifier, ces énonciations ne sauraient lier le donateur pour l'avenir, à moins qu'elles ne soient conçues en termes évidemment restrictifs (Bordeaux, 19 janvier 1827 ; tribunal de la Seine, janvier 1855).

Dans le cas où l'instituant contractuel fait une disposition à titre gratuit qui excède les limites d'une disposition modique, cet acte est complétement inutile, annulable pour le tout, sur la demande des parties intéressées.

Au contraire, lorsque le donateur contractuel fait une libéralité qui dépasse la valeur qu'il s'est réservée comme quotité disponible, cette libéralité doit simplement être réduite. Le donateur ne peut pas en faire prononcer la nullité absolue. S'il y a plusieurs aliénations, on doit suivre pour le retranchement les règles tracées par les articles 920 et suivants du Code Napoléon.

XXII

L'institution d'héritier a trait au décès du disposant. Quand ce décès arrive, qu'en résulte-t-il pour l'institué ? Quels sont ses droits, quelles sont ses obligations ?

C'est en vain que la loi a rangé l'institution contractuelle au nombre des donations. Il y a pour les donations des règles incompatibles avec la nature de l'institution contractuelle, comme aussi il y a pour les dispositions testamentaires des règles que l'identité de situation et l'évidence des choses commandent d'appliquer à l'institution contractuelle.

Ainsi l'institué contractuel doit être assimilé au légataire proprement dit pour la faculté d'accepter ou de répudier la succession. S'il accepte, il peut accepter purement et simplement, ou sous bénéfice d'inventaire. D'après le système de la Cour de cassation sur la nature de l'obligation au payement des dettes de la succession, l'institué universel et l'institué à titre universel agiront toujours sagement en acceptant l'institution sous bénéfice d'inventaire. Quant à l'institué à titre particulier, il n'a aucun intérêt à renoncer à son droit, puisqu'il ne contribue point au payement des dettes et charges et n'a à craindre que la réduction ou la caducité de son legs contractuel (art. 871 C. Nap.).

Lorsque l'institué renonce après le décès de l'instituant, il ne contrarie en rien l'acceptation qui a eu lieu lors du contrat de mariage. Ces deux actes ont pour objet deux choses complétement différentes. L'acceptation renfermée dans le contrat de mariage a trait au titre d'héritier, à la qualité d'habile à succéder. La renonciation postérieure à l'ouverture de l'institution se réfère à la succession elle-même, à l'émolument auquel le titre irrévocable conféré par le contrat de mariage donnait droit. L'acceptation ne saurait empêcher la renonciation, puisque, s'il est permis de s'exprimer ainsi, l'acceptation porte sur le droit de renoncer (Toulouse, 15 avril 1842).

XXIII

L'institué contractuellement doit encore être assimilé au légataire proprement dit pour l'obligation au payement des dettes et charges de la succession. Comme le légataire testamentaire, le légataire contractuel contribue au payement des dettes et charges de la succession au prorata de son émolument. Il a dans ces dettes et charges une part proportionnelle à celle qu'il amende dans l'actif. Légataire contractuel ou héritier institué de la totalité, il paye la totalité des dettes ; d'une moitié, une moitié ; d'un quart, un quart. Si la donation à titre universel ne consiste point dans une quote-part, mais dans la totalité ou une fraction des meubles ou des immeubles de l'instituant, l'institué supporte une fraction des dettes correspondant à la fraction de succession qu'il recueille. Si la donation est à titre particulier, l'institué ne contribue point au payement des dettes.

Telle est la mesure de l'obligation de l'institué, quant à la quote-part dont il est débiteur suivant l'étendue du titre qui l'institue. Mais quelle est la nature de cette obligation en elle-même ? Comment et jusqu'à quel point est-il tenu ? Est-il obligé sur tous ses biens ou seulement *intrà vires emolumenti*, person-nellement ou simplement *ob rem ?*

Il est aisé de comprendre que la réponse à cette question est subordonnée implicitement à la solution qu'on adopte relative-ment à la portée de l'action à laquelle sont soumis les léga-taires universels et à titre universel pour le payement des dettes de la succession. Ce n'est pas ici le lieu de développer l'opinion que nous croyons devoir embrasser sur cette matière si délicate et si controversée. Nous nous bornerons à dire qu'à notre sens le légataire universel, soit qu'il ait de plein droit la saisine de la succession, soit qu'il concoure avec un héritier réservataire, et même le légataire à titre universel, sont absolument sur la même ligne que les héritiers légitimes eux-mêmes, c'est-à-dire sont tenus de leur part et portion des dettes et charges de la suc-cession indéfiniment, sur tout ce qui leur appartient, *ultrà vires emolumenti* (art. 873, 1009, 1012 C. Nap. ; — Cass., 13 août 1851 ; Toulouse , 9 juin 1852), à moins qu'ils n'aient accepté que sous bénéfice d'inventaire. C'est pourquoi nous pensons que, dans tous les cas où l'institué contractuel est tenu des dettes et char-ges de la succession, il en est tenu non-seulement *ob rem,* et jusqu'à concurrence de ce qu'il amende, mais encore person-nellement et sur tout ce qui lui appartient, sauf toutefois à lui à recourir au bénéfice d'inventaire.

Quand nous parlons des dettes de la succession, nous entendons les dettes que le disposant a laissées à son décès, sans distinguer celles qui ont pris naissance antérieurement et celles qui ont pris naissance postérieurement à l'institution. L'article 945, d'après lequel la donation est nulle, si elle a été faite sous la condition d'acquitter d'autres dettes ou charges que celles qui existaient, à l'époque de la donation, ne s'applique point aux donations de biens à venir faites par contrat de mariage. C'est donc au décès de l'instituant qu'il faut se placer pour connaître les dettes qui sont à la charge de l'institué.

C'est à cette même époque qu'il faut envisager le patrimoine de l'instituant pour déterminer les biens auxquels l'institué a droit. Et peu importe la nature des objets compris dans ce patrimoine ; peu importe également l'événement par suite duquel ils y sont entrés (Cass., 7 novembre 1832).

XXIV

L'institué contractuellement doit encore être assimilé au légataire testamentaire en ce qui touche la saisine et la demande en délivrance. Cela est sans difficulté pour l'institué à titre particulier et pour celui qui, appelé par une institution universelle, n'est pas en concours avec des héritiers réservataires. Dans le premier cas, l'institué n'a pas la saisine : il doit nécessairement former une demande en délivrance contre les personnes qui détiennent la masse de biens grevée de l'acquittement des dispositions à titre gratuit. Dans le second cas, l'institué a nécessairement la saisine : il est dispensé de demander la délivrance.

Mais *quid juris* lorsqu'il s'agit d'un institué universel concourant avec des héritiers à réserve, ou bien d'un institué à titre universel seulement?

M. Troplong pense que, même dans ces cas, l'institué contractuel est saisi de sa part et portion, et a le droit de se mettre de sa propre autorité en possession et jouissance des biens qui lui ont été donnés (n°s 2366 et 2428 ; jugement du tribunal de la Seine, du 27 février 1833). Voici les motifs sur lesquels M. Troplong fonde son opinion : « Au fond, il faut dire que l'institué contractuel est saisi en vertu de son contrat et dispensé de la demande en délivrance. D'après les articles 938, 1138 et

1583, le consentement transfère la propriété sans tradition, et c'est ce qui est décisif ici. Sans doute, l'institution contractuelle ne transfère pas la propriété d'un objet corporel ; mais elle en donne et transfère un droit de succession, elle en fait une cession gratuite. »

Il faut bien le dire, M. Troplong reste à côté de la question. Affirmer que l'institué contractuel est investi d'un droit de propriété sur les biens qui lui ont été donnés, ce n'est pas démontrer que l'institué est *saisi*, dans l'acception juridique de ce mot. « Autre chose est la propriété, autre chose est la saisine, » a dit M. Jaubert dans son rapport au tribunat. Est-ce que tout légataire, voire même le légataire particulier, n'est pas, dès la mort du testateur, investi de la propriété des biens légués ? Et cependant, le légataire universel en concurrence avec des héritiers réservataires, le légataire à titre universel et le légataire particulier sont tenus de former une demande en délivrance. Pourquoi ? C'est qu'ils n'ont pas l'exercice des droits qui leur ont été transmis. Ils ont un droit de propriété sur les biens légués, il leur manque le fait de la possession. Ils sont, si l'on veut, saisis de la propriété ; mais ils n'ont pas la saisine. Donc, de cela seul que l'institution contractuelle transfère un droit de propriété, il ne suit pas que l'institué soit dispensé de demander la délivrance.

Remarquons d'ailleurs qu'il importe peu que le donataire contractuel puise son droit dans un contrat irrévocable. Si l'institué a été investi irrévocablement du titre de successeur, le légataire testamentaire, de son côté, est investi irrévocablement du même titre par suite du décès du testateur. Ce que la célébration du mariage a fait dans le premier cas, la mort le fait dans le second. En ce moment, c'est-à-dire après le décès du testateur, le légataire testamentaire est bien maître d'une qualité qu'aucune volonté étrangère ne pourrait lui enlever. Cependant, il doit demander la délivrance! C'est donc en vain qu'on invoquerait l'irrévocabilité du titre dont le contrat de mariage a investi l'institué contractuel.

Allons plus loin et voyons si le caractère et l'origine de la demande en délivrance ne réduisent pas à néant le système de M. Troplong. Si l'on consulte les travaux préparatoires du Code Napoléon, on demeure convaincu que la demande en délivrance a été introduite d'abord dans un but de bienséance et d'honnêteté publique, en second lieu et surtout afin de préserver les réserves légales de tout danger de confusion. La demande de délivrance est en même temps un hommage rendu à la famille du *de cujus*, un acte de déférence envers l'héritier légitime et une garantie d'intégralité pour les réserves légales. Bigot-Préameneu disait, dans l'exposé des motifs : « Ne serait-il pas contre l'honnêteté publique, contre l'humanité, contre l'intention présumée du testateur, que l'un de ses enfants ou que l'un des auteurs de sa vie fût, à l'instant de sa mort, expulsé de sa maison, sans qu'il eût même le droit de vérifier auparavant le titre de celui qui se présente? » Au Conseil d'Etat, Jollivet faisait remarquer qu'il « était indispensable d'abord de constater le montant de l'hérédité, afin d'établir les réserves, et que cependant, si l'héritier institué était d'abord saisi, il lui serait possible d'obscurcir l'état des choses et de rendre illusoires les dispositions de la loi relatives aux réserves. » Est-ce que ces raisons ne s'appliquent pas aussi bien au légataire par institution contractuelle qu'au légataire par testament? Qu'y a-t-il dans ces considérations qui puisse être écarté par la situation particulière de l'institué contractuellement? Or, là où les mêmes motifs se présentent, la même règle doit être suivie. *Ubi eadem ratio, ibi idem jus.*

Nous pensons donc que l'institué universel en concours avec des héritiers à réserve n'est pas saisi de plein droit, et est tenu, par voie de suite, de leur demander la délivrance.

Quant aux intéressés à titre universel, il nous paraîtrait équitable de distinguer entre le cas où il y a des réserves et celui où il n'en existe pas. Dans la première hypothèse, la nature des droits que la loi n'a point voulu compromettre exige que ceux qui en sont les sujets aient provisoirement la possession de la succession, la saisine. Dans le second cas, l'intérêt de l'institué doit prévaloir. Il n'y a, par conséquent, aucun danger à ce que l'institué soit saisi à l'encontre d'un légataire universel ou d'un parent que la loi permettait de dépouiller et dont les droits sont nés postérieurement à ceux que l'institution a conférés.

XXV

Les réserves sont de droit naturel : elles sont sacrées. Aucune libéralité ne saurait y porter atteinte, pas même celles qui sont faites par contrat de mariage aux époux ou aux enfants à naître. L'article 1090 dispose : « Toutes donations faites aux époux par leur contrat de mariage seront, lors de l'ouverture de la succession du donateur, réductibles à la portion dont la loi lui permettait de disposer. » La faveur due au mariage ne peut pas, quelles que soient ses exigences, faire oublier celle qui est due aux réserves des héritiers légitimes. Le droit commun, en matière de réduction de libéralité, doit s'étendre aux institutions contractuelles.

Quant à l'action en retranchement, les institutions contractuelles doivent être considérées non pas comme des legs, mais comme des donations. Elles seront réduites non pas proportionnellement, mais par ordre de date, en remontant de la plus récente à la plus ancienne, suivant la maxime : *Prior tempore, potior est jure.* En effet, si la réduction s'opérait proportionnellement, que deviendrait le principe de l'irrévocabilité de l'institution contractuelle? L'instituant ne pourrait-il pas, en faisant une nouvelle institution, enlever au premier institué une partie des biens dont il s'était irrévocablement dépouillé à son profit? Que s'il s'agit d'une institution contractuelle en concours avec des legs et des donations ordinaires, les legs seront réduits les premiers, et l'institution prendra rang parmi les donations à la date du contrat de mariage et sera réduite, s'il y a lieu, suivant cette date.

APPENDICE.

Pour compléter l'exposition du sujet, nous devons mentionner ici deux espèces de dispositions qui sont, à vrai dire, des institutions contractuelles, mais qui ne rentrent pas nécessairement dans les limites de notre programme. Nous voulons parler de la promesse d'égalité et de la donation des biens à venir faite entre futurs époux par contrat de mariage.

La première n'est pas indiquée par le Code Napoléon ; la seconde y est réglementée ; mais c'est dans des dispositions étrangères à celles qui regardent l'institution contractuelle proprement dite.

I. — La promesse d'égalité, quelquefois appelée aussi *promesse de part héréditaire*, consiste dans l'engagement que prend un ascendant, dans le contrat de mariage de son descendant, de laisser à celui-ci dans sa succession une portion égale à celle de ses autres enfants. C'est une donation irrévocable faite au futur de sa portion héréditaire *ab intestat* dans la succession du donateur. Cette clause, encore assez usitée, surtout dans le Bordelais, équivaut à une institution contractuelle, en ce sens que l'ascendant assure à son descendant, par contrat de mariage, la même part qu'auront ses autres enfants dans les biens qu'il laissera à son décès. Les règles de l'article 1082 sur l'institution contractuelle proprement dite s'appliquent à la promesse d'égalité.

Quant à l'article 1083, on ne saurait en faire une juste application à la promesse d'égalité qu'en tenant compte de l'intention des parties. En principe, le promettant veut purement et simplement s'interdire la faculté de faire à ses autres enfants des libéralités préjudiciables à celui qui va se marier. Mais il conserve le droit de donner à un tiers étranger la part qui doit revenir sur son disponible à celui qui a reçu la promesse (Bordeaux, 12 mai 1848).

Le promettant peut aussi disposer inégalement, par rapport aux autres enfants, de ce qui excède la part légitime de celui envers lequel la promesse a été faite : la promesse d'égalité ne peut être invoquée que par l'enfant dans le contrat de mariage duquel elle a eu lieu.

II. — La donation de biens à venir faite entre futurs époux par leur contrat de mariage est soumise aux mêmes règles et aux mêmes formes que celles que la loi a établies pour les donations de même nature qui sont faites aux futurs époux par des tiers.

Art. 1093. La donation de biens à venir ou de biens présents et à venir faite entre époux par contrat de mariage, soit simple, soit réciproque, sera soumise aux règles établies par le chapitre précédent, à l'égard des donations pareilles qui leur seront faites par un tiers, sauf qu'elle ne sera point transmissible aux enfants issus du mariage, en cas de décès de l'époux donataire avant l'époux donateur. »

A cette exception indiquée par l'article 1093 il faut ajouter que l'institution contractuelle faite par l'un des futurs conjoints à l'autre n'est point révocable pour cause de survenance d'enfants (art. 1096).

Au surplus, les règles que nous avons exposées sur la capacité nécessaire pour faire une institution contractuelle sont ici modifiées par la règle : *Habilis ad nuptias, habilis ad pacta nuptialia.* (Art. 1095 et 1398 C. Nap.)

Paris. — Typographie HENNUYER, rue du Boulevard des Batignolles, 7.

www.ingramcontent.com/pod-product-compliance
Lightning Source LLC
LaVergne TN
LVHW020840200726
843508LV00003B/1016